日本的那些鬼怪

從陰陽師、桃太郎到鬼滅之刃，鬼的形象與其變遷

小山聰子 著
許郁文 譯

鬼と日本人の歴史

目錄

前言——從歷史的角度來看鬼

不知道大家是否聽過「鬼來電」這個APP呢？當小孩不聽話時，父母只要按下這個APP，生氣的赤鬼就會打電話來問：「你為什麼不聽話？」然後不斷說教。大部分的孩子在看到智慧手機裡跳出來的赤鬼之後，都會嚇到乖乖聽話。姑且不論這個APP有沒有教育功能，但是小孩子真的會沒來由地害怕鬼，因為當他們看到全身都是肌肉的赤鬼揮舞著狼牙棒時，也會害怕自己被可怕的赤鬼撕成數塊，吞進肚裡吧。

自古以來，人們就害怕鬼。鬼不只會嚇人，還會帶來疾病，甚至吃人。比方說，過去有許多貴族都避免夜間出門，以免撞上神出鬼沒的鬼集團。有些貴族的日記也提到，搭著船漂流到岸邊的鬼怪殺了人，或是人類生出了宛如鬼怪的嬰兒。此外，在中世紀到近代的日本地圖註記著，日本的南方是「羅剎國」，也提到不管是誰，只要去了羅剎國，肯定是有去無回。所謂的「羅剎國」就是指會吃人的羅剎鬼居住的地方。此外，古代人認為瘟疫是由一種疫鬼散播的疾病，所以天皇的皇宮會在除夕夜舉辦「追儺」（讀音「挪」）這種驅逐疫鬼的儀式。當時的人們認為，疫鬼都是來自外國，所以鬼也有「外來者」的屬性。

尤其是從古代到中世紀前期這段期間，鬼不只是故事裡的虛構人物，更是真實的存在，所以才為人所畏懼，這意味著，不只是小孩才怕鬼。

不過，鬼除了會害人，有時也會報恩。比方說，西元九世紀的佛教話本[1]《日本靈異記》第二十四節就如此描述閻羅王的鬼使。

> 在奈良之都，有位名叫楢之磐島的人。來自閻羅王宮殿的三名鬼使為了將磐島帶到閻魔王面前，找了好幾天都遍尋不著，三名鬼使的肚子都餓到受不了了。於是鬼使就問磐島，能不能請鬼使吃它們最喜歡的牛肉。沒想到磐島反問鬼

1 編按：話本是日本古典文學中的一種體裁，收羅神話、民間習俗與傳說等故事。《靈異記》約成書於平安時代（西元七九四—八九四年）編成。

使，如果把他養了很久的兩頭牛送給鬼使，能不能不要帶他回閻羅殿。鬼使為了感謝磐島給它們肉吃，便帶著與磐島同年出生的另一個人回去交差了。鬼使也提到，它們回到閻王面前後，應該會因為被請吃牛肉而遭受杖責之刑，所以拜託磐島幫它們助念《金剛般若經》，讓它們得以免罪。三天後，鬼使再次現身感謝磐島為其助念《金剛般若經》。

換言之，只要給鬼使愛吃的牛肉，就能不用被帶到閻羅殿。若真是如此，鬼使還真是好打發啊。其實這種把鬼塑造成貪吃鬼，給其食物，它們就會報恩的故事非常多。

由此可知，「鬼」其實分成很多種，之所以如此，是因為日本的風土民情也吸納了中國人對鬼的看法，以及鬼與疾病有關的概念，並接受了佛教的神鬼觀念。雖然日本的文化深受中國與朝鮮的影響，但不可能照單全收，還是會經過一些篩選，只取想接受的文化，有時候甚至還會自行加油添醋，所以日本對於鬼的觀念雖然主要源自中國與佛教，但最終還是改造成日本人容易接受的型態。

此外，每個時代的鬼都有不同的樣貌與特質。其實從古代到中世紀前期，鬼擁有許多面貌，而且都很可怕。到了中世紀後期之後，人們開始懷疑鬼的存在，鬼也只於故事之中存在。進入近代之後，雖然日本地圖還是記載了「羅剎國」這個地名，但鬼已經變成妖怪。由此可知，大部分人雖然越來越不相信鬼真的存在，但是鬼的樣貌卻不斷改變，直到現代仍未完全消失，而且許多有關鬼的習俗或故事也仍膾炙人口。

為什麼我們會對鬼有興趣呢？從古代到現代，人們口中的鬼又是如何改變樣貌型態的呢？追溯鬼的系譜，就能一窺日本人的精神世界。因此本書將根據史料，從古代開始，依序探討「鬼」究竟為何物。

第一章　鬼的登場——古代

1　來自中國的鬼概念

古代中國的鬼

日本文化深受中國文化影響，日本的鬼當然也不例外。其實，「鬼」本來就是從中國傳入的概念。因此讓我們先一起看看中國的鬼到底長什麼樣子。

在佛教傳入中國之前，就已經有「鬼」的概念了。早在中國古代殷商（西元前十七世紀左右—西元前一〇四六年）時期的甲骨文就有「鬼」這個字。鬼的上半部「由」代表鬼頭，下半部的「儿」代表人，中國最古老的文字書《說文解字》（約於西元一千年的時候寫成）中便提到，鬼為死者的靈魂，有時會害人。

此外，記述儒學始祖孔子（西元前五五二左右—西元前四七九年）言論的《論語》也要求我們尊敬這種從死者的靈魂變來的鬼，但不要與鬼有所糾葛。再者，孔子認為，要祭祀的話，祭祀自己祖先的靈魂就好。[2]

由此可知，中國有人類死後變鬼，住在冥界（死後的世界）這種概念，而冥界與陽世一樣，有著相同的官僚制度與戶籍。不過，每個人死後，不一定都能變成正常的鬼。在中國的概念之中，鬼大致分成兩種，一種是壽終正寢，受子孫供奉的鬼，也就是祖先的靈魂；另一種是死於非命，對陽世留有遺憾，未受供奉的鬼，也就是惡鬼。不過，要以一句話定義鬼非常困難，例如《春秋左傳》〈昭公七年〉就提到，死於非命，未能完全成為祖靈，四處為非作歹的靈魂稱為鬼，占卜書《日書》也提到，所謂的鬼不一定來自死靈，因為精靈也可稱為鬼（《中國思想文化事典》）。

古代中國常常一起祭祀鬼與神，雖然鬼主要是死者的靈魂，神是自然神，但兩者的區分實在不太明確，所以鬼與神常被混為一談。

2 編按：第一句語出《論語・雍也》：「務民之義，敬鬼神而遠之，可謂知矣。」第二句語出《論語・為政》：「子曰：『非其鬼而祭之，諂也。見義不為，無勇也。』」

古代中國的人們認為，死於非命的鬼會到處散播疾病。以目前現存最古老的中國醫書《五十二病方》（約於西元前三世紀中葉寫成）為例，其中就提到，要想治療鬼病，就得以禹步（走的時候，第二步不能超出第一步，第三步不能踏在第二步）走三次施咒，或是利用桃枝嚇走鬼。古代中國的人們認為，桃木有殺鬼的咒力（《神農本草經》）。中國古代的史料常可看到利用桃樹的樹枝或是果實趕走惡鬼的內容。順帶一提，桃木有殺鬼之咒力的概念也傳入了日本。比方說，從桃子中誕生的桃太郎前往鬼島收服惡鬼的日本童話《桃太郎》（於中世紀後期到近世之間寫成），應該也與桃木具有調伏惡鬼之力的概念有關。

此外，古代中國也認為瘟疫與惡鬼作祟有關。比方說，儒教經典《周禮．夏官》的方相氏一節提到，方相氏這位咒師曾披著熊皮，打跑疫癘之鬼（散播瘟疫的鬼）。

此外，道教經典《女青鬼律》也提到，只要知道鬼的名字，就能擊退它們或是差使它們（佐佐木聰〈《女青鬼律》的鬼神觀與沿革〉）。這應該是只要知道為非作歹的是誰，就知道該怎麼對付的概念。再者，道教除了擊退惡鬼，還有撫慰與祭祀鬼的概念（松本浩一《中國的咒術》）。

前漢時期，由司馬遷（西元前一四五左右─西元前八十六年左右）編纂的史書《史記》也有賢君祭祀祖靈與鬼神，昏君輕視鬼神的記錄（〈五帝本紀〉、〈夏本紀〉、〈殷本紀〉）。對負責治理國家的天子來說，祭祀鬼神是非常重要的職責，《史記・孝武本紀》（一說認為，〈孝武本紀〉並非司馬遷所做，而是由後人編寫）也提到，道士可利用道教的鬼神方術讓死者現身，也能差使鬼神，施展不死之術，還能請來神明，差使百鬼。孝武皇帝都曾祭祀帶來疾病，並將疾病轉移到巫女身上的鬼神。換言之，就是希望透過祭祀鬼神來治病。

《山海經》住在鬼國的一眼鬼
（出處：《古本山海經圖說》）

至於這些鬼到底長成什麼樣子呢？中國古代的地理書《山海經》（於西元前四世紀─三世紀寫成）的〈海內北經〉有相關的描述。據《山海經》的說法，住在「鬼國」

的鬼長得很像人，但只有一隻眼睛。

雖然《山海經》的鬼是這般樣貌，但是於西元前二世紀寫成的《淮南子》卻提到，鬼神不具其形，也沒有聲音。此外，在後漢的陵墓之中，曾發現長相如同野獸的鬼神圖樣，六朝時代也有長得像是穿兜襠布的鬼的圖樣（小杉一雄《中國美術史》）。簡單來說，中國古代的鬼長得都不一樣。

由此可知，關於鬼的說法很多，但也有人想藉由論證的方式，證明鬼不存在的事實。比方說，後漢王充（西元二十七—九十七年左右）所著的《論衡》就曾提到，這世上的所有人都認為死後會變成鬼，而且會保有知覺，也會作怪，但他認為，人死後不會變成鬼，不會有知覺，更無法為非作歹。其根據之一就是，明明人類以外的生物死後不會變鬼，那麼為什麼只有人類會變成鬼呢？

王充又進一步如下描述疾病與鬼的關係。

> 病人一覺得身體發疼，就以為是被鬼鞭笞或杖擊，彷彿看到拿著槌子、鎖鏈、墨線的鬼守在身邊，但這只是因為身處病中的痛苦所產生的害怕與恐懼，才會

看到這些幻象。剛生病的時候，心中又驚又慌，便以為自己看到鬼來到身邊；病重後因為怕死，便以為鬼在生氣；身體因病而疼痛時，就以為自己被鬼擊打。這一切都是人的幻想所致，並非真有其事。[3]

雖然王充否定鬼的存在，但大部分的人還是相信人死後會變鬼，一旦變成惡鬼，就會在人世間散播疾病。

不過，除了令人畏懼的鬼，還有可笑滑稽的鬼。比如，於深受佛教影響的南朝宋時代（西元四二〇—四七九年）寫成，專門記載靈異事件的書籍《幽明錄》二五七篇就如此描述貧淺的鬼。

有一剛死的鬼，體型削瘦疲餓。此時，突然遇見死於二十年前的朋友所化身的

3　譯註：王充《訂鬼》原文如下。「病者困劇，身體痛，則謂鬼持箠杖毆擊之，若見鬼把椎鎖繩纆，立守其旁。病痛恐懼，妄見之也。初疾畏驚，見鬼之來；疾困恐死，見鬼之怒；身自疾痛，見鬼之擊；皆存想虛致，未必有其實也。」

鬼，且發現這位友鬼又胖又健康。於是新鬼便問：「我肚子實在餓得受不了，你有什麼好建議，能教我幾招嗎？」這位友鬼便跟他說：「只要去人的家中作怪，人們必定會懼怕，進而奉上糧食」。

於是新鬼便去了一戶信奉佛教的人家，推動石臼，準備嚇嚇這戶人家，沒想到屋主說：「佛祖看我家貧窮，特別派鬼來幫忙推動石臼」，隨即搬來大量的麥子，最終新鬼竟幫這戶人家磨了數斛（一斛約三十公升）的麥子，累到不行的新鬼只好倖倖然地離去。

接著，新鬼又來到一戶信奉道教的人家，並爬到舂米的石碓上面跳上跳下，沒想到這戶人家的人竟說，「這次鬼來我們家幫忙了，快去搬穀子過來！」到了傍晚之後，新鬼也累壞了，卻沒吃到半口糧食。

新鬼氣得跑去友鬼那邊抱怨，友鬼便說：「看來要去信奉佛教或道教的人家作怪不太容易啊，下次去百姓人家作怪，一定能吃到糧食」，於是新鬼走進另一戶人家，將院子裡的狗抱起來，讓狗騰空飛起，這戶人家嚇得直說，「這是什麼前所未見的怪事啊」，便卜了一卦。卦象顯示，「有客人來，想要吃點東西，只要殺了狗，再以狗肉、美食與美酒在院中祭祀，這位客人就不會再作怪了」。於是新鬼之後便常常如此施作。這些都是友鬼教的把戲。

看來死後變鬼，好像不是什麼壞事。既能與老朋友相遇，又能偶爾作怪，享受捉弄人類的樂趣。中國的民間信仰、儒教與道教都有鬼與鬼神的概念，在西元一世紀左右，佛教傳入日本之後，佛教的世界也出現了鬼與鬼神的概念。

日本接受中國鬼神的過程

魏朝五代的史書《魏志倭人傳》提到，西元三世紀左右的日本已有關於鬼的方術。與女王卑彌呼有關的章節如此記載。

名為卑彌呼，行鬼道，迷惑眾人。雖已年老，卻未有丈夫，其弟助她治國。

這裡說的「鬼道」指的應該是某種透過死靈語言施展的巫術。從中國人的角度

來看，卑彌呼施展的應該是與「鬼」，也就是與死靈有關的方術。

最晚在西元七世紀（飛鳥時代）的時候，日本就接受了中國對於鬼的概念。從推斷為西元七世紀的木簡上出現了「鬼」這個字，就能證實上述的言論。此外，從平城京的二條大路出土的木簡之中，也看到應是於西元八世紀前半瘟疫流行之際製作的咒符木簡。這塊木簡上記載，有一條九頭、一尾的大蛇，早上吃了三千隻「唐鬼」，傍晚吃了八百隻「唐鬼」的內容。這個咒文與道教經典提到的鬼很有可能源自相同的文化（北條勝貴《野生的邏輯／治病的邏輯》）。「唐鬼」就是「瘧鬼」，在中國是一種散播瘟疫的鬼。這塊咒術木簡應該是當時的人們希望大蛇能幫忙吞噬散播瘟疫的惡鬼所製作的物品。

於養老四年（西元七二〇年）編纂的史書《日本書紀》的欽明天皇五年（西元五四四年）十二月那一節中提到，越國（現在的福井縣敦賀市到山形縣庄內平原一帶的地區）上秉佐渡島發生了一件怪事。其中記載，住在日本列島北方的肅慎人（應該是愛奴人或是通古斯人吧）搭著一艘船來到佐渡島的海岸，就此定居下來。佐渡島的島民看到肅慎人之後都非常害怕，甚至懷疑他們可能不是人，而是「鬼魅」，所以不敢接近他們，之後又爆發了島民被鬼擄走的事件。

在這個事件之中，最值得注意的部分就是從外界漂流而來的人被當成了鬼魅。順帶一提，肅慎人滯留該地一百多年後，越國的阿倍比羅夫便去討伐了肅慎國。

此外，於天平五年（西元七三三年）成書的《出雲國風土記》也提到，有一隻「一眼鬼」吃了種田的人。盡管一眼鬼與《山海經》提到的「鬼國」之鬼很像，但這段紀錄是否是受到《山海經》影響則不得而知。

延曆十六年（西元七九七年），由天皇下令撰寫的史書《續日本紀》文武天皇三年（西元六九九）五月二十日一節提到，根據市井小道的消息，咒術師役小角（生卒年不詳，是住在大和國葛城山的咒術師）能隨心所欲地差遣鬼神，幫他打水、砍柴，若是鬼神不聽命令，他就能施咒束縛鬼神。古代中國的書籍也常出現差遣鬼神的內容。一如前述，道教的《女青鬼律》還記載了差使鬼神的方術。一般認為，鬼神擁有人類沒有的力量，而且很容易失控與為非作歹，所以能差使鬼神就是擁有強大咒力的證據。在這裡提到的「鬼神」與《日本書紀》提到的「鬼魅」明顯是不同的鬼。由此可知，鬼除了很可怕，還具有不同的面相。

《續日本紀》寶龜十一年（西元七八〇年）十二月四日一節之中鬼神登場了。其中提到，若是為了建造寺院而破壞墳墓，使用墳墓的石頭，除了會嚇到「鬼神」，也會傷及後代子孫，所以光仁天皇下令禁止這麼做。這裡的「鬼神」應該是指死靈才對。

透過追儺趕走疫鬼

古時的中國認為瘟疫是由疫鬼散播，所以會為了驅逐疫鬼而舉行「大儺」這種祭祀活動，而這種祭祀活動後來也傳入日本，於日本漸漸普及。中國在舉行「大儺」時，會讓負責趕走疫鬼的方相氏（編按：即驅魔師，最早紀錄出現於周朝）在皇帝面前，戴上有四隻眼睛的矩形黃金面具，一手拿鉾，一手執盾，身披熊皮跳舞，藉此將疫鬼逐出王都之外（《周禮》）。《續日本紀》慶雲三年（西元七〇六年）十二月九日一節也提到，當時全國瘟疫蔓延，到處都是病死的百姓，所以第一次製作了「土牛」，舉行了大儺這個祭祀活動。所謂的「土牛」就是以泥土製作的牛像。相傳疫鬼愛吃牛肉，所以才會製作土牛吧。不過，這項源自中國的祭祀活動在日本慢慢地產生異變，負責驅逐疫鬼的方相氏反而被當成了鬼。在日本，驅逐惡鬼的祭祀活動稱為追儺、鬼遣、儺遣，通常會在除夕夜的時候，於皇宮之中舉行。在舉行這個年度祭祀活動的時候，方相氏會先戴上四眼的黃金面具，接著一邊大喊，一邊在宮中走來走去，此時天皇的臣子會尾隨其後，用桃弓與葦箭驅逐方相氏，以此暗喻將疫鬼逐出國外。順帶一提，追儺之後就變成了一種節分習俗。

於西元九世紀後半寫成的儀式書《貞觀儀式》一〇「十二月大儺儀」也記載了

方相氏
（出處：《政事要略》29）

陰陽師在舉行追儺儀式念誦的追儺祭文。其內容如下。

汙穢又邪惡的疫鬼聽令，天皇已將千里之外、四方之境，東出陸奧，西出遠值嘉、南出土佐、北出佐渡之地賜給你們這些疫鬼居住，還賜給你們五色寶物與山珍海味，所以早早退散吧，若私存邪心，隱身於各座村莊之中，大儺公與小儺公將以五種武器驅趕與殺害你們。

這段文章的意思是要疫鬼快從東至陸奧（現代的東北地區面向太平洋的地區）、西至值嘉嶋（現代的長崎縣五島列島）、南至土佐（現代的高知縣）、北至佐渡島（現代的新潟縣佐渡島）的這塊地區滾出去（編按：也就是從日本境內出去）。當時認為，散播瘟疫的疫鬼來自外國。由於日本是四面環海的島國，所以會有這種想法也很正常。瘟疫蔓延這件事也讓排外意識深植日本人的內心（細井浩志〈「日本」的誕生與瘟疫爆發〉）。疫鬼可說是形塑了日本人心目中的鬼。

佛教的鬼

日本人認為，若是帶著執著或是充滿怨念而死，其靈魂就會變成鬼，在陽世徘徊，為非作歹，也認為瘟疫是由惡鬼散播。這些概念都受到了中國思想的影響。不過，鬼界是陽世的延伸，所有靈魂都會變成鬼的中國思想，並未完全於日本普及，換言之，日本只接納了部分來自中國的鬼神思想。

另一方面，日本的鬼的概念也深受佛教影響。其實印度本來就是多神信仰，除了有餓鬼（preta）、夜叉（Yaksa）、羅剎（Raksasa）、阿修羅（Asura）這些鬼怪之外，還有山神、河神或是其他神祇。印度的眾神、精靈與鬼怪後來成為佛教世界的鬼神，尤其密教都是吸收了這些概念。

前面提過，道教的經書還有教人差使鬼神與禁錮鬼神的內容。其實除了道教的經書之外，佛教的經書也有這類內容。比方說，《孔雀王咒經》中就提到，凡念誦孔雀王之咒，就能差使與束縛被視為「鬼神」的印度眾神或鬼怪。這個概念後來也被中國接受，例如中國的《高僧傳》就提到西域高僧竺佛圖澄以念誦「神咒」來差

使鬼神的內容。日本也有佛僧差使鬼神的說法。

印度的鬼神概念是透過密教思想傳入日本的。面貌憤怒，只穿著兜襠布的裸體模樣，紅色、藍色的皮膚、拿著狼牙棒這些屬於鬼的特徵，歸根究柢，都是密教的餓鬼或是交叉的樣貌（吉田一彥「鬼與神與佛法」）。

由此可知，日本關於鬼的概念雖然源自中國，但是更受印度的鬼神觀念影響，而印度的鬼神觀念則是與密教一起傳入日本。換言之，日本的鬼是由中國思想（例如道教）的鬼以及佛教的鬼融合而成。

「鬼」的讀音

日文的「鬼」除了可讀成「oni」，還能讀成「kami」、「shiko」、「mono」。比方說，《日本書紀》神代中提到來自高天原的神曾經處罰不聽話的「鬼神」（kami），《萬葉集》中的「鬼」則可讀成「shiko」，由於鬼的模樣很「醜」（醜的日文讀音為shiko），所以才會以「鬼」作為「shiko」這個讀音的漢字吧。

此外，《萬葉集》也常常在下列這種情況將「鬼」讀成「mono」。

石上　零十四雨二　將關哉　妹似相武登　言義之鬼尾（六六四）

（就算下雨，又有什麼影響呢？因為我已與那位女孩約好見面了）

在《萬葉集》眾多與戀愛有關的和歌之中，有許多將「鬼」讀成「mono」的和歌，這或許是因為當時的人認為戀情是由外界不可思議的力量所促成的吧（多田一臣《萬葉集全解》二）。

在日本最古老的佛教話本《日本靈異記》中——三，有一段描述母親對著要殺害自己的兒子說，「你該不會被鬼附身了吧？」（若し、汝鬼に託へるにや）的內容，其中的「鬼」也一樣讀成「mono」。當兒子砍下母親的頭之後，大地便裂開來。當兒子快要掉進這道裂縫時，他的母親突然抓住他的頭髮仰天大喊：「我的孩子是因為被附身，才犯下了滔天大罪」（吾が子は物に託ひてことをなせり），請求上天原諒自己的孩子。這段內容並未特別區分「鬼」與「物」，而直接將兩者混

為一談。這裡的「物」除了有物體的意思，有時候還是指惡神或是惡靈（小山聰子《物怪的日本史》）。

於承平年間（西元九三一－九三八年）由源順編成的百科全書《倭名類聚抄》則將「鬼」的和名（在日本的稱呼）命名為「於邇」（oni），也提到鬼會隱藏在物品之中不願現身，所以鬼的發音才根據「隱」（on）這個字讀成「oni」。不過，這個說法是否正確，目前已無從考證。中國認為鬼是「瘟疫」（流行性熱病）的源頭，所以近年來也有人認為，「oni」的語源為「瘟鬼」（山口建治「oni（於邇）的由來與「儺」」）。

被當成鬼的物氣

從西元十世紀開始，貴族社會避之唯恐不及的「物氣」（mononoke，編按：又譯作物怪）通常是真面目未知的死靈。物氣是指含怨而死的人，一旦靠近它，就會生病或是被害死，所以當時的人們都非常害怕物氣。其實物氣也常被當成鬼。

比方說，紫式部的和歌集《紫式部集》四四番歌就是紫式部在看到某幅可怕的畫之後所詠唱的和歌。在這幅可怕的畫之中，有一位被物氣附身的醜女，她的身後站著一位小法師，這位小法師正在施咒束縛已化身成鬼的前妻，而丈夫則是不斷念經，藉此趕走物氣。

亡き人にかごとをかけてわづらふも、おのが心の鬼にやはあらぬ

「後妻之所以會被亡妻的靈魂附身，難道不是因為後妻自己良心不安嗎」

物氣的真面目就是前妻。丈夫負責誦經，趕走物氣，小法師則是丈夫的護法。一般認為，靈力高強的佛僧可以差使負責守護佛法的護法，由於護法常常以童子的樣貌現身，所以這幅畫裡的護法才會是「小法師」吧。我們無從得知丈夫是基於什麼理由與後妻結婚，也不知道前妻與後妻的關係，但紫式部肯定是認為前妻嫉妒與怨恨後妻，所以才詠唱了這首和歌。

前面提過，中國人心目中的鬼是死靈，而日本的物氣之所以常常被形容為鬼，應該就是受到中國思想的影響所致。

古代紀錄之中的死靈與鬼

貴族的日記也常有將死靈看成鬼的內容。比方說，藤原實資的日記《小右記》長元二年（西元一〇二九）九月十三日一節就提到，陰陽師在占卜之後發現，藤原道長的長男賴通之所以生病，是因為躲在賴通的住所東三條邸的「鬼靈」作祟所致。這座東三條邸原是藤原道長的哥哥藤原道隆過世之處，而藤原道隆一家與藤原道長一家則是政敵，所以這裡的「鬼靈」應該就是指藤原道隆一家的死靈，換成現代的說法就是所謂的地縛靈。由此可知，能與中國的鬼溝通的史料非常多，不過，中國的鬼是死靈，而且有些鬼很善良，有些很可惡；有些身分高貴，有些卻身分低微。反觀日本的鬼通常都有很多負面的特徵，這也算是雙方的差異之處吧（吉田一彥〈亞洲東部的日本鬼神〉）。日本這邊也是因為吸收了中國鬼的那些負面特徵，所以才把邪惡的東西都視為鬼。中國的鬼雖然有很多面向，但基本上都是屬於死靈的特徵，與日本人口中的幽靈較為相近。

2 可怕的忌夜行日

史書記載的鬼

若提到鬼，大部分的現代人都會想到小說這類文學作品中的鬼對吧。但在古代，有些史書也記錄了與鬼相關的事件。

例如，六國史（由天皇下令編撰的六部國史）之一的《日本三代實錄》仁和三年（西元八八七年）八月十七日一節就提到一則美女被鬼吞吃的事件。

> 八月十七日亥時（下午九點—十一點），有三位美女正準備走過武德殿東邊的松原（參考後頁的「平安京大內裏圖」的☆）時，發現一位相貌清秀的男性站在松樹下面。這位男性牽起其中一位美女的手，之後便將美女帶到松樹底下聊天。其他兩位女性等了一會兒，漸漸地聽不到兩人聊天的聲音，於是便走到松樹附近，查看怎麼回事，沒想到卻在地上看到那位女性的手腳，身體與頭顱已

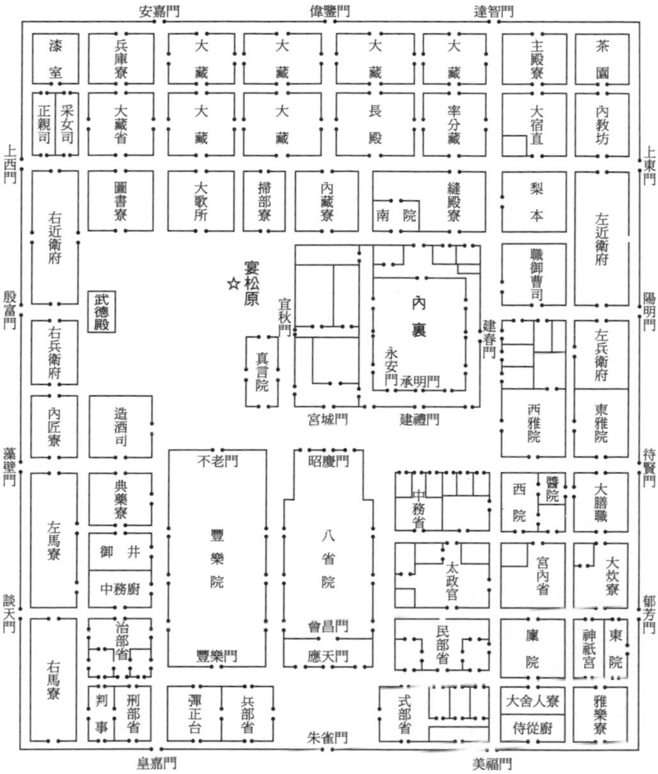

平安京大內裏圖

（根據田中貴子《看得到百鬼夜行的都市》繪製而成）

不知去向。嚇得花容失色的兩位美女急忙跑去右衛門的陣營報告此事，陣營的士兵前去搜查後，發現就連殘骸也不見了。聽到這件事的人們都覺得那位美男子是鬼怪，而美女則是因為鬼怪而消失。

據《日本三代實錄》的記載，這個月在都城發生的怪事多達三十六種，多到無法一一收錄，所以只記載了廣為流傳的怪事。此外，《扶桑略記》延長七年（西元九二九）四月二十五日一節也有半夜在宮中發現鬼腳印的紀錄。據說是在玄輝門的內外兩側與桂芳坊周邊發現的（參考第三十六頁的「平安京內裏圖」）。它寫道在中宮廳與常寧廳的內部發現了最多的腳印。這些腳印看起來很像是大牛的足印，有兩蹄，也有三蹄的腳印，而且還有藍色與紅色的毛混雜其中。此外，還留有在常寧殿親眼目擊鬼怪出沒的紀錄，以及在鬼腳印之間，摻雜著小孩腳印的紀錄。順帶一提，玄輝門是大內的北門，常寧殿是皇后的起居處。換言之，在距離天皇居所極近之處，發現了鬼入侵的痕跡。一般認為，鬼的腳印為兩隻腳趾或是三隻腳趾（參考四十六頁的《政事要略》的疫鬼）。所以這些二蹄或三蹄的大腳印才會被視為是鬼

的足跡。正因為這事在當時是件值得記錄的大事，所以才會在史書留下紀錄對吧。

由於鬼總是在伸手不見五指的夜裡作怪，所以很難看清它的身影，有時候還會變身，帶來慘不忍睹的死亡，所以總是令人害怕。一如許多史書留下了鬼於何時、何地、對誰、做了什麼的紀錄，這些多不勝數的紀錄都是國家的重大事件。留下紀錄是為了避開危險。

喝醉就不怕鬼了嗎？

基本上，鬼都是在半夜現身，因此若在夜間外出，就有可能遇到一群鬼，也就是所謂的百鬼。一般認為，百鬼會在「夜行日」出現，因此這種日子總是為人恐懼。夜行日是陰陽道的概念，源自中國占卜術、咒術與祭祀內容的陰陽道在受到密教的影響之後於日本扎根。日本還設置了陰陽寮這種官方機構，而隸屬其中的陰陽師則是官僚之一，負責占卜時辰、方位，並施行各種咒術。中國的《後漢書》第四孝和帝紀提到，遇到百鬼出行之日時，百姓必須躲在家中，閉門不出才行，所以夜行日應該是源自中國的信仰（田中貴子《看得到百鬼夜行的都市》）。

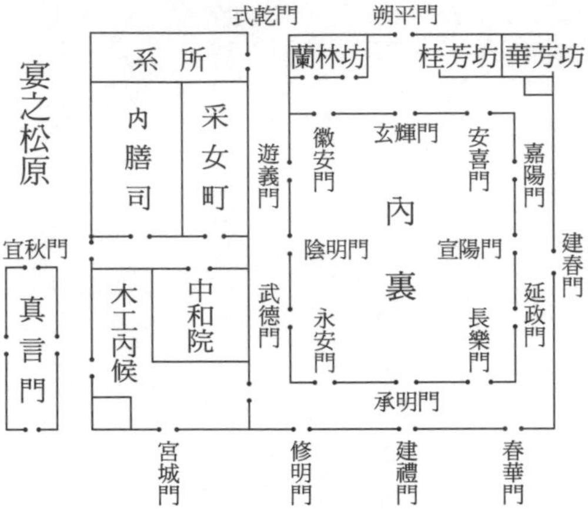

平安京內裏圖
（放大平安京大內裏圖的內裏之後的圖）

貴族子弟的基本教養書籍《口遊》（於天祿元年（西元九七〇年）寫成）也記載了避開百鬼夜行禁忌的咒語。

加多志波也　惠加世世久利爾　加女留
佐介（天惠脫 ka）　比安志惠比　和禮
惠比爾多利

這首和歌的意思是「不管你是堅硬的大石頭還是什麼，盡管來吧，我已喝得醉醺醺的，手腳都醉得東倒西歪」，換句話說，既然都已經喝得腳步不穩，酩酊大醉，鬼也就不可怕了。的確，一旦喝醉，視線就會變得模糊，腳步也會

不穩，什麼事情都顯得較無所謂，膽子也會變得更大。說不定比清醒的時候，更不怕被鬼吃掉呢。藤原清輔（西元一一〇四－一一七七）的歌學書《袋草紙》以及鎌倉時代初期的百科事典《二中歷》都有這段咒文，看來大部分的貴族都知道這段保護自己的咒文。

此外，《口遊》也記載了夜行日的日期。根據《口遊》的記載，一月與二月的夜行日為子日，三月與四月為午日，五月與六月為巳日，七月與八月為戌日，九月與十月為未日，十一月與十二月為辰日。由於日本的曆法是由中國傳入，所以也是由十天干（甲乙丙丁戊己庚辛壬癸）與十二地支（子丑寅卯辰巳午未申酉戌亥）組成，總共六十種變化。具體來說，就是由甲子、乙丑、丙寅、丁卯、戊辰、己巳這個順序組合而成。因為十二地支共有十二個，所以一個月會有二或三天的夜行日。

不在乎還是很在意？

那麼平安時代的貴族是如何看待夜行日的呢？讓我們從享盡人間繁華，人稱御堂關白的藤原道長看起。藤原道長的日記《御堂關白記》寬弘九年（西元一〇一二年）正月二十日一節提到了夜行日。順帶一提，這一天為戊子日，剛好就是夜行日。

> 天皇（三條天皇）傳來多道旨意，故前去內裏晉見，直到深夜才離開皇宮。本想去拜訪東三條第的尚侍（藤原妍子），但今天是忌夜行之日，只好作罷。

藤原妍子雖然是藤原道長的女兒，但此時已貴為三條天皇的中宮，正在準備立后（準備成為皇后）的相關事宜，想必藤原道長與三條天皇的談話內容也與藤原妍子的立后有關吧。

這次的進宮有可能比藤原道長預計得更久。由於這天是夜行日，所以藤原道長才放棄前往女兒的住所拜訪，以免碰上百鬼夜行的風險。

話說回來，三條天皇似乎不太在意夜行日，也未顧慮藤原道長的安危，否則應該會在夜幕低垂之前就停止談話才對。或是天皇想故意留住藤原道長，讓他沒時間去打擾藤原妍子。這是因為，眾人認為，三條天皇不一定真心想要立妍子為中宮。

話說回來，三條天皇身邊早有藤原娍子這位為他生了六個皇子的女御（地位僅次於皇后的嬪妃），所以天皇不太希望因為藤原道長的意思而冷落這位藤原娍子，只立藤原妍子為后。最終，三條天皇於同年三月向藤原道長提出一帝二后的提案，也就是立藤原娍子為皇后，立藤原妍子為中宮；最終藤原娍子成為皇后，藤原妍子也成為中宮。藤原道長為此感到不悅，所以故意挑在藤原娍子舉行立后儀式的當天，舉行中宮妍子入住大內的儀式，導致只有四位公卿出席了娍子的立后儀式。藤原道長此舉無疑是在找碴。

由此可知，三條天皇與藤原道長的關係並不親近，所以也不排除三條天皇可能是故意在夜行日的時候，讓藤原道長待到半夜才放行。

對忌夜行日的看法

話說回來，不是所有的皇族或貴族都害怕夜行日，不敢在晚上外出。比方說，藤原道長的女兒彰子，就在寬永九年七月八日甲戌這個夜行日從土御門第回到枇杷殿，可知，不是所有皇族與貴族都不敢在夜行日的半夜出門（《小右記》）。

從各種史料紀錄中也可以發現，每個人對於夜行日的看法都不同。比如，唐和五年（西元一一〇三年）三月十五日，堀河天皇為了慶祝其子宗仁親王（日後的鳥羽天皇）出生滿五十日，便將其送往白河上皇的御所高松殿。由於宗仁親王出生沒多久，他的母親就過世了，因此才會由祖父白河上皇照顧。當時堀河天皇是於亥時（晚上九點）的時候抵達高松殿，並於丑時（凌晨二點）返回（《殿曆》）。丑時除了是神佛的活動時間，更是百鬼跳梁最危險的時段。藤原宗忠就曾在自己的日記《中右記》對此事抱怨「明明是夜行日，怎麼拖到半夜才回程」。由此可知，堀河天皇為了慶祝愛子誕生滿五十日，可以不顧夜行日，慶祝到半夜才打道回宮，但是對藤原宗忠來說，這卻是不顧自身安危的行動。

在貴族的日記也可以發現他們會因為夜行日而採取不同行動。比方說，永久二年（西元一一一四年），鳥羽天皇因為御所失火而移駕六條殿，但移駕日為八月八日，而這天碰巧是夜行日，所以有臣子提出應該在凌晨之前就移駕，所以鳥羽天皇也因此緊急移駕六條殿（《殿曆》）。

每人對夜行日的恐懼程度都不同。爬梳貴族的日記時便會發現，有些貴族詳加

記載了每一個夜行日的事情，有些貴族卻完全不記錄。可說是如實地反映了每個人對夜行日的看法。

傳承之中的忌夜行日

許多故事也都提到了夜行日。比方說記載歷史故事的《榮華物語》卷八〈初花〉中就提到了，具平親王的女兒隆姬與藤原賴通成婚時，具平親王曾擔心地說這些話。

> 女婿每天來到具平親王的千種殿座落之處六條的話，途中有可能會遇到夜行之夜，吾甚是擔心，還是在靠近內裏的上京之處，為女婿準備一個適當的住處。

意思是，具平親王很疼愛與女兒隆姬感情和睦的女婿藤原賴通，也擔心每天來女兒身邊的女婿會被百鬼襲擊，所以打算為女婿準備新居。

從這類故事可以發現每個人對於夜行日的在意程度各有不同。比如，《今昔物語集》十四—四十二就提到，相貌堂堂又好色的藤原常行總是在晚上的時候去女性的住所，沒想到在某天夜裡，突然撞見了百鬼夜行。這段故事的概要如下。

正當藤原常行一如往常地準備趁黑摸進女性的住所時，突然聽見大宮大路傳來一大群人嘰嘰喳喳的吵鬧聲。藤原常行聽從隨侍的建議，走進神泉苑的大門內，躲在柱子之後，便發現有群人正拿著火把走過，當他悄悄探出頭一看，沒想到拿著火把的竟是鬼不是人。那群鬼突然大喊「那邊好像有人的味道，我們去把他抓起來吧！」隨著腳步聲越走越近，藤原常行在心中吶喊「吾命休矣」，但此時有鬼大喊：「實在沒辦法抓住這個人」，而另一隻鬼則不信邪地大叫：「你說那什麼鬼話，讓我抓給你看」，便走到了更接近藤原常行的地方。正當藤原常行覺得「這次真的沒命了」，那隻鬼卻對另一隻鬼說：「怪不得沒辦法抓他，因為尊勝陀羅尼在這裡啊」，話音剛落，這群鬼就與燈火一起消失，還傳出四處逃竄的腳步聲。藤原常行回到家中後便發了高燒，也告訴奶媽他撞見百鬼的這事。奶媽跟他說，是她請哥哥阿闍梨在紙上寫了尊勝陀羅尼

的字樣，並將這張紙放在常行的衣領裡面。過了三、四天之後，藤原常行的高燒才退卻，病也好了。確認過那天的日期之後，發現撞見百鬼的那天恰恰是忌夜行日。

尊勝陀羅尼就是具有延命、去除業障這類庇佑與加持效果的尊勝佛頂尊的咒文，一般認為，能讓人避開百鬼夜行的災厄。雖然常行的父母親很擔心常行經常在夜間出門，但是常行卻不以為意，不在乎當天是否為忌夜行日，總是在晚上溜出門與女人幽會。由此可知，每個人對百鬼夜行的忌諱程度不盡相同。

不是舉行追儺的時候

順帶一提，藤原道綱的母親所寫的《蜻蛉日記》天祿二年（西元九七一年）十二月也記載了一些足以了解當代追儺氣氛的有趣內容。在當時，除了皇宮中會舉行追儺，貴族的大宅或是寺院也會舉行追儺。

當某人告訴我，我的丈夫（藤原兼家）每晚都去我無比忌恨的女人家裡過夜，我的內心便始終無法平靜，沒想到，不知不覺地就到了舉行追儺的日子。當我以一種極度悽慘的心情看著身邊的人大喊「鬼快出去，鬼快出去」時，眼前的這一切彷彿與我無關，我就像是個內心極度平靜的旁觀者。我不禁覺得，似乎只有日子過得順遂的人，才會想要舉辦追儺啊。

藤原兼家的正妻為時姬。在貴族社會之中，一夫多妻是理所當然的事，男性通常有多位妻子。只有正妻能與夫同住，而其他妾室便只能坐等丈夫到來。道綱之母在得知丈夫每晚都去找其他的女人之後，便因妒火中燒而苦不堪言。在她苦苦等候丈夫的到來時，時間不知不覺便來到了除夕夜，也覺得追儺是幸福的人才會舉辦的儀式。內心痛苦的她，只能將這些心聲寫在日記裡面。最初，追儺是驅逐疫鬼的活動，但到了這個時候，追儺已是兒童開心熱鬧地玩在一起的活動。由於道綱的母親正因丈夫的花心而苦不堪言，所以看到開心地舉辦追儺的人們，肯定是羨慕不已。

《榮華物語》三「各種歡樂」中也描述了攝關期的追儺。其中提到，年幼的一

條天皇很喜歡振鼓（在舉辦追儺時，小孩拿在手上，邊走邊發出聲響的道具。外型很像是太鼓），公達（上流貴族的子弟）也覺得追儺很有趣。完全無法從這類內容感受到任何來自鬼的威脅。

由此可知，每個人對鬼的看法都不同，有些人打從心底害怕鬼，有些人卻不是太在意，依舊我行我素。比起現代人，古代人對那些眼不能見的抽象之物更覺得真實，但我們都知道，每個人的感覺都不一樣，即使是現代人，對那些無形之物的恐懼感也是因人而異。

3　散播疫病的鬼

疫鬼的模樣

一般認為，鬼會帶來疫病與死亡。比如，《日本靈異記》中——二五就提到在瘟疫爆發時，鬼與病人的互動方式。某位染上瘟疫的女人在大門的兩側放置了獻給疫神的山珍海味，正準備把她帶去見閻羅王的小鬼見狀一臉開心地吃了這些供品。接著為了答謝這位女性，小鬼便決定不帶她走，而準備殺了其他女人，改帶其他人去見閻王。這隻小鬼於是從紅色的袋子拿出長約一尺（約30公分）的鑿子之後，朝另一位女子的額頭敲下去，殺了那個女子。

中國也有拿著鑿子或槌子的鬼。中國志怪小說《搜神記》（約於西元四世紀寫成）十六節就提到鬼怪拿著鐵槌將長度一尺多的鑿子打進人的頭部殺人的情節。

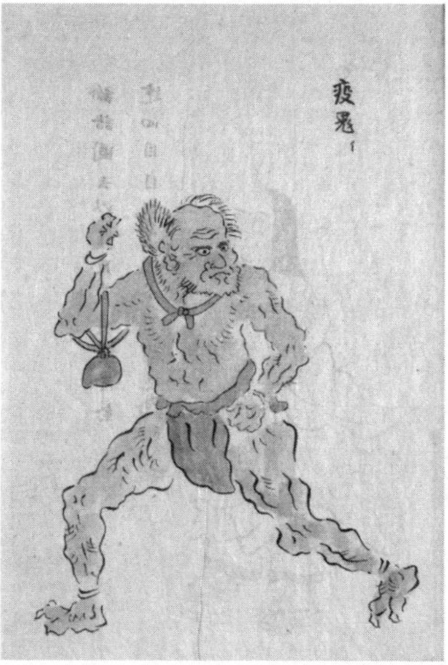

疫鬼
（出處：《政事要略》29）

《搜神記》也於藤原佐世（？—八九八）撰寫的《日本國見在書目錄》登錄，所以至少在西元九世紀的時候，《搜神記》就已傳入日本。《日本國見在書目錄》是當時已於日本存在的漢文書籍的目錄。

在西元十一世紀中葉寫成的法制書《政事要略》二九節也描述了疫神的模樣。其中提到，疫神的皮膚偏紅，渾身長滿肌肉，穿著紅色的兜襠布，一副怒髮衝冠與莊嚴的表情。並且其腳趾有三隻，手中拿著小布袋。日本的鬼或是物氣的手指或腳趾很常被描述成只有兩隻或三隻。這應該是因為中國總是將畸形的生物形容成二指或三指吧（小杉一雄《中國美術史》）。通常，在疫神拿著的紅色小袋子之中，與《日本靈異記》中——二五的鬼一樣，都是裝著專門用來殺人的鑿子與槌子。

順帶一提，藤原實資的日記記錄了某個特別的事件。其中提到，曾有一位身高約七尺，臉部約兩尺長的女子搭著小舟漂流到丹後國（現代的京都府北部），凡是走到這艘小船附近者就會生病，所以岸上的人拒絕讓船靠岸，最後這位女子也死去了；並提到據說小船上面有酒飯可以吃。這個事件是藤原實資從民部卿源賢處聽說的。據說丹後國的國司認為這是不祥的事件，所以不是以書面報告，而是派遣飛腳前往都城報告（《小右記》逸文　萬壽三年（西元一〇二六）四月十三日）。

一尺約是三十公分，所以漂流到丹後國的這位女性的身高應該超過兩百一十公分以上，臉部的長度也超過六十公分。她很有可能是外國人，而且感染了傳染病。一如第二章所述，漂流到日本的外國人常常被當成鬼，當時的人們也認為，瘟疫就是鬼從國外帶進日本的。雖然《小右記》未將這位女性描述為鬼，但至少認為來自國外的異形會帶來瘟疫。

對付疫鬼的方法

散播瘟疫的疫鬼是神，所以又被稱為疫神，也受到眾人敬畏。由於疫神是神，所以無法調伏。所謂的「調伏」是指利用咒語束縛住鬼怪，讓鬼屈服的意思。前面提過，只要請疫鬼吃它愛吃的牛肉或是其他食品，疫鬼就會願意離開。此外，也可以向神社奉上幣帛，請求神明鎮壓瘟疫，或是念誦《金剛般若經》或《大般若經》。由於日本也深受中國儒教的影響，所以只要一爆發瘟疫或是天災，都會被認為是天皇施政不力，此時天皇必須舉行恩赦（施恩赦罪與免刑的意思），祈求上天停止降災。

當時的人們認為，要避免瘟疫蔓延就必須請陰陽師舉行祭祀。西元十世紀初期出現了四角四堺祭這項陰陽道祭祀，朝廷也盛大舉行這項陰陽道祭祀。四角四堺祭原本是四角祭與四堺祭，四角祭就是在京都的一條大路、二條大路、東大宮大路、西大宮大路這四條大路圍成的區域之內舉行的祭祀；至於四堺祭則是在山城國（現代的京都府中部與南部）的四個角落，也就是逢坂、大枝、山崎、和邇這四個角落圍成的區域之內舉行的祭祀，用意是為了抵擋散播瘟疫的疫神入侵這個區域（平安京）。由於這兩項祭祀經常同時舉行，所以便漸漸地合稱為四角四堺祭。這可說是為了避免京都的百姓以及內裏的天皇感染瘟疫所舉行的祭祀。

若是在今日的話，當然會請醫師診斷，查出病因，再對症治療。古代其實也有醫師。於大寶元年（西元七〇一年）制定的大寶律令中便規定「典藥寮」為國家機關，負責推廣醫學教育、任免醫師與徵收藥材。不過，不是只有醫師才能治療疾病，僧侶或是陰陽師也能替人醫病。

若問當時都是如何治療疾病，第一步是先確定病名。一旦出現病人，陰陽師會先進行占卜，根據占卜的結果確定病名，接著再依據病名決定主要的治療人員。陰陽師安倍晴明的《占事略決》二十七「占病祟法」除了將山神、水神、社神、氏神、灶神等視為病因，也將詛咒、毒藥、風病（感冒）、丈人（祖靈）、惡鬼、客死鬼、縊死鬼、溺死鬼、廁鬼這類鬼怪列入病因。當時的陰陽師應該是根據占卜結果從這些疾病之中找出病因。就常理而言，上級貴族會在生病時，請多位陰陽師分別占卜病因，此時當然會占卜出不同的病因，所以最終還是由病人的家屬決定要相信哪位陰陽師的占卜結果，再對症治療。

比方說，假設在占卜之後發現病因是物氣，就會請僧侶加持或是修法，藉此降服物氣。如果病因是神明的懲罰，則會請陰陽師舉行祭祀，藉此消災解厄，也不用請僧侶。在僧侶與陰陽師進行治療時，醫師也會從旁協助。順帶一提，所謂的加持是指在病人身邊手結契印（利用手指組出不同的形狀，證明自己的佛性），或是透過真言咒語賦予病人佛力。修法則是將病人放在祭壇之中，為病人祈福的儀式。

假設感染了瘟疫，又被物氣纏上的話，又該怎麼處理？此時的治療會變得投鼠忌器，因為物氣通常是來路不明的怨靈，所以得請僧侶加持、修法與誦經，藉此調

伏，但是散播瘟疫的疫鬼是神明，便不能以上述方式調伏。要想撫平神明的怒氣，必須尊敬神明，還得獻上供品祭祀祂，才能讓神明離開。

如果在染上瘟疫又被物氣纏上的時候進行加持，連疫鬼都一併調伏的話，反而會讓病人陷入危險，所以不會進行加持。不過，若單單只是舉行治療瘟疫的祭祀，又無法趕走物氣，反而會讓物氣的力量大增，所以貴族特別害怕這種同時染疫又被物氣纏擾的情況。

藤原道長的失敗

同時招惹上瘟疫與物氣的例子可說是不可勝數。在這些案例之中，紀錄最為詳盡的莫過於藤原嬉子（西元一〇〇七－一〇二五）的案例。以下就為大家介紹。藤原嬉子是藤原道長的女兒，在經過正式的冊封儀式之後，成為東宮敦良親王（後來的後朱雀天皇）的妻子。由於與東宮感情融洽，所以沒多久便懷上身孕，但不料竟在生產前夕罹患了赤斑瘡。所謂的赤斑瘡就是現代的麻疹，除了會出現高燒、咳嗽的症狀之外，全身還會浮現紅紅的小疹子。赤斑瘡常於古代爆發流行，也有不少人因此而死。

藤原嬉子的赤斑瘡是在臨月（接近預產期的日子）的萬壽二年（西元一〇二五年）七月底發作的。當時的人們認為，物氣會在生產的時候作怪，讓孕婦難產，所以會試著調伏物氣。照理說，藤原嬉子已即將臨盆，所以正是該調伏物氣的時候，但是卻因為罹患了赤斑瘡，必須中止加持。不過，害怕物氣的藤原道長卻聽信陰陽師的占卜，認為進行加持也無妨，所以便命令僧侶進行。只不過，因僧侶也害怕疫神，所以遲遲不願動作。據描述，氣急敗壞的藤原道長當下便排開躊躇不前的僧侶，自行執行加持儀式，調伏了物氣。通常貴族不會自行替病人加持，但或許是因為藤原道長曾向擅長調伏物氣的名僧心譽學習，所以才能自行加持（上野勝之《夢與物氣的精神史》），結果藤原道長的悲願落空，藤原嬉子在八月三日誕下皇子（後來的御冷泉天皇）之後，還是於八月五日撒手人寰。

因為這件事，藤原道長飽受周圍貴族的批評。比如，藤原實資在日記《小右記》八月五日一節便寫下「當時不該加持，而是該一心一意地向神明祈求安產」。關於藤原嬉子的死因似乎有各種傳聞，其中之一就是藤原道長擅自替她加持。雖然藤原道長日後將責任轉嫁給當時認為加持也不會有事的陰陽師，但他自己似乎也很後悔替女兒加持（《左經記》八月五日）。

由此可知，瘟疫在當時被視為疫神散播的疾病，至少到十一世紀之前，都盡可能避免透過加持治療。

透過加持調伏的物氣

疫鬼是神明，但不是所有的鬼都是神明。其實鬼分成很多種，比方說，在《紫式部集》之中，物氣也被描述為鬼的模樣。

物氣就是不知真面目為何的靈體，當陰陽師在占卜之後，斷言病因為物氣時，就會為了查明物氣的真面目而進行調伏。方式是先讓物氣附身於寄坐（靈媒）之上，再讓物氣透過寄坐之口表明自己的身分，以及帶來疫病的理由。透過調伏的儀式知道物氣的真面目之後，便會決定是要供養它，還是繼續壓制它。比方說，如果物氣的真面目是過世的父親，而且在世時的關係很融洽，就會決定供養它；若是其真相目是政敵或是難以信賴的對象，就會繼續調伏它，折磨它，讓它不敢再造次。

醫書之中的瘧鬼
（出族：《萬安方》10）

透過加持驅趕的瘧鬼

瘧病也是侵擾古代人許久的疾病之一。一般認為，瘧病就是現代的瘧疾，在日文中也稱為「童病（warawayami）」或是「發（okori）」。當時的人們認為，瘧病是由瘧鬼帶來的疾病。瘧病的特徵在於每兩天或是定期會全身顫抖與發熱，盡管也有致死的例子，卻不是會病入膏肓的疾病。在中國，瘧病算是瘟疫的一種，但在日本卻視為不同的疾病（小山聰子《中世前期的瘧病治療》）。其實瘧病是以蚊子為傳播媒介，以瘧原蟲為病原體的流行病，所以並不會傳染。

盡管瘧病與瘟疫一樣，都被視為是鬼造成的疾病，卻是透過加持的方式治療，與瘟疫不同。在進行加持驅趕物氣時，會讓物氣附身在寄坐身上，然後讓物氣在寄坐體內被折磨並暴露自己的真面目。至於治療瘧病時，由於已知瘧病是由瘧鬼帶來的疾病，所以並不需要請來寄坐，只需由僧侶加持，懲罰瘧鬼即可。

各式各樣的鬼

話說鬼其實有很多種，有從死靈化成的鬼，有透過咒術差遣的鬼、地獄的獄卒、餓鬼、疫鬼、瘧鬼。之所以會有這麼多種鬼，全是因為中國認為鬼是從死靈而來，以及疾病都是鬼造成的概念，加上道教與佛教之中的鬼齊聚一堂所致。不過，每種鬼的特性都不同，對付的方式也不盡相同。

日本的鬼通常都會為害人間，而且擁有常人沒有的力量。此外，鬼除了會帶來疾病與死亡，會讓人避之唯恐不及之外，也有相當滑稽的一面，這也是不容錯過的特徵之一。隨著時代進入中世與近世之後，滑稽的這一面也顯得越來越突出。

第二章　鬼島的起源——中世

1　對付鬼的方法

鬼的模樣

在西元十二世紀末製作的《地獄草紙》中，將地獄的獄卒畫成會折磨墮入地獄者的模樣。這些裸身的獄卒只穿著兜襠布，被著一頭散髮，嘴巴裂開到兩側臉頰，牙齒還十分鋒利。一旁的牛頭馬面也一臉愉快地將墮入地獄的人切成小塊、搗成爛泥，或是趕進火裡。有些馬面還長了角。後面將提到的《今昔物語集》十六——三二節中也會描述長角的鬼，所以理論上，十二世紀時已經出現長角的鬼了。

《地獄草紙》描繪的鬼乍看之下非常恐怖又醜陋，但仔細一看就會發現，有的鬼身上的兜襠布會有裝飾，有些還有豹紋或虎紋的紋路，讓人百看不厭。在將死者

《地獄草紙》描繪的解身地獄
（出處：《日本的繪卷 7　餓鬼草紙、地獄草氏、病草紙、九相詩繪卷》）

切成小塊的「解身地獄」之中，還有一名頂著一頭紅色亂髮的鬼正翹著小指頭試味道，看來頗具喜感。由此可知，鬼不一定都是令人莫名害怕的對象。

　此外，從十二世紀末到十三世紀初期寫成的《吉備大臣入唐繪卷》也描繪了作為遣唐使前往唐朝結果客死他鄉的阿倍仲麻呂，化身為渾身肌肉的赤鬼的模樣。這隻赤鬼的額頭中央長了一支角，嘴巴裂到了臉頰兩側，手指與腳趾都各只有三隻，這與現代的鬼可說是一模一樣是吧。阿

倍仲麻呂的靈魂前往同是遣唐使的吉備真備家中，問他自己的子孫在日本過得如何，沒想到吉備真備居然對著他破口大罵，要他先換下鬼的模樣再來。有趣的是，重新造訪吉備真備的阿倍仲麻呂，原本身軀的紅色就變得很淡，眼神還是很銳利，手指與腳趾一樣只有三隻。繪師在描繪的時候，想必得讓人看得出來那仍是仲麻呂的靈魂才行，如果畫成人類的模樣，就看不出來是靈體了，因此才保留了紅色皮膚與三隻手指與腳趾這些鬼的特徵，方便讓觀眾辨識。儘管鬼的種類有很多種，畫成圖像時，看起來卻沒有多大差異。雖然《地獄草紙》中的獄卒與《吉備大臣入唐繪卷》中的死靈都是背景不同的鬼，但形態卻是十分相似的，由此可知，鬼的形象也有漸趨統一的趨勢。

看見百鬼之術

一般認為，鬼是難以捉摸的無形之物，既然難以捉摸，就很難在它作怪的時候對付他。所以要想治它，就得先讓它現身。曾有人根據漢文書的內容嘗試實驗讓鬼現身的法術。

變成鬼的阿倍仲麻呂《吉備大臣入唐繪卷》
（出處：《日本的繪卷 3　吉備大臣入唐繪卷》）

在上皇施行國政的院政（政權從攝關政治轉移到幕府的政治體制）啟動，武士開始進入中央政界的時候，曾有位知名貴族精通漢文書籍，他就是攝關家出身的左大臣藤原賴長（西元一一二〇—一一五六）。藤原賴長曾根據記載中國隋朝全年例行公事的《玉燭寶典》的內容，試著要讓鬼現身。前漢的淮南王劉安曾召集學者與道士編撰《淮南萬畢術》，而《玉燭寶典》則引用了這本書的內容。其中提到，在五月十五日剝下「蟾蜍」的皮，並在一塊新布上塗抹其血，接著面向東方，將沾了蟾蜍血的布完整蓋在頭上之後，居然看到百鬼、牛羊與虎狼都來到面前坐下來看著自己。順帶一提，一般認為這時候不能妄動。

藤原賴長的日記《台記》天養元年（一一四四年）五月五日一節提到，他身邊的漢學者藤原敦任根據這本《玉燭寶典》的內容依樣畫葫蘆地殺了蟾蜍，將其血塗抹在布上，將布覆蓋在武士頭上，然後讓武士面朝東方靜坐，希望能藉此看到百鬼，不過最後這項法術並未奏效，武士也沒看到百鬼。

中國晉朝集神仙之術之大成的《抱朴子》（葛洪（西元二八三—三四三）所著）中便提到，蟾蜍若是活過千年，頭上就會長角，腹部下方會變紅，還會吸收山中靈氣，累積自己的靈力，所以又被稱為肉芝。根據《抱朴子》的說法，仙人能利用肉芝呼風喚雨。由此可知，中國自古就認為蟾蜍具有靈力。

由於那時的中國比日本先進，所以從中國傳來的百鬼現身術應該也極具說服力。爬梳中國古書典籍，試著讓鬼現身的藤原賴長真的是非常認真的人，也因

重返工作崗位後的安倍仲麻呂
（出處：《日本的繪卷》3　吉備大臣入唐繪卷）

為他擁有超強的記憶力，所以才能從中國的古書典籍找出百鬼現身術再予以實踐。藤原賴長認為，鬼通常是隱而不現的，所以才希望中國傳入的法術能夠讓鬼現身吧。

最初被調伏的疫鬼

第一章提過，散播疾病的鬼分成很多種，有些鬼近乎神明，有些鬼則是可透過加持驅趕的惡靈，所以不同的鬼有不同的對付方式。不過，對付位階與神明相當的疫鬼的方法卻不斷改變。

這或許是因為，即便供養了疫鬼或替疫鬼辦了法事，還是無法防堵瘟疫的緣故吧。因此人們希望有比供養或是祭祀更強大的法門，也才會想出專為治療瘟疫的加持法。被譽為華嚴宗中興祖師的高僧明惠（西元一一七三—一二三二）就曾傳授弟子加持溫病法。所謂的溫病就是熱病，而加持溫病法則是利用軍荼利明王（密教的五大明王之一）的咒語進行加持的法門。據說明惠曾施展此術，讓感染瘟疫的人立刻痊癒（小山聰子《中世前期的疫病治療與加持》）。

《平治物語繪詞》「六波羅行幸卷」的牛童
（出處：《日本的繪卷 12　平治物語繪詞》）

話本中也有以加持治療瘟疫的內容。比方說，於西元十二世紀寫成的《今昔物語集》十六——三二就提到將疫鬼當成物氣來對付的內容。概要如下。

十二月除夕夜，有一名年輕的武士獨自走在街上時，突然遇見一大群猙獰的鬼，年輕武士被這些鬼吐了口水之後，立刻感到很不舒服，而且還變成了透明人。在這群鬼之中，有的只有一隻眼睛，有的長了角，有的只有一隻腳，只能「砰砰砰」地到處亂跳。驚嚇到三魂七魄失散的年輕武士便去向虔誠信奉的六角堂觀音菩薩求助，菩薩告訴他，隔日早上第一個遇見的人，照其所說的事去做即可。

隔日早上，這位年輕武士果然遇見一位面容猙獰的牛童。這位牛童跟他說「跟著我走」。此時年輕武士心中暗自竊喜，以為自己已經不是透明人，所以便跟著牛童走，走著走著，走到了一間大宅。走進大宅的深處後，發現一名散發貴氣的女孩臥病在床，而大宅裡面的人似乎都看不見牛童與武士。此時牛童便遞給武士一支小槌子，要他用槌子敲打小女孩的頭部與腰部。這時，小女孩立即露出極度痛苦的表情。不過，當負責治療的驗者（僧侶）開始念誦般若心經祈福時，牛童就飛也似地逃出大宅。接著驗者又開始吟唱不動火界咒，沒想到年輕武士身上的衣物竟開始燃燒，本該透明的他隨即露出真身，小女孩的病也在此時痊癒。被逮住的年輕武士說明了整件事的來龍去脈後，便得到釋放。原來牛童是神的使者，任務是要附身在小女孩身上，讓小女孩生病。

疫鬼具有以槌子打人，讓人生病的能力，也會透過口水散播瘟疫，或是成群結

黨地走在路上（崔鵬偉「《今昔物語集》之中的疫神與疫鬼」）。此外，牛童也能看見被鬼吐口水而變成透明人的年輕武士。換言之，向年輕武士吐口水的鬼是疫鬼（疫神），而牛童則是疫神的使者。順帶一提，將第一位遇見的人視為有緣人的故事非常常見，一般認為，這是源自古代占卜信仰的情節。

這個故事最值得注意的部分就是為了治療染上瘟疫的小女孩而請來驗者加持這點，而且還是利用不動火界咒加持。不動火界咒是不動明王的真言之一，通常是在調伏物氣的時候吟唱，換句話說，為了治療瘟疫，驗者將疫鬼視為物氣，毫不猶豫地念誦不動火界咒加持。

由此可知，位階原本與神明相當的疫鬼慢慢地被降格為物氣。到了十二世紀之後，除了調伏疫神，也會調伏折磨人類的神明。

例如，西元十二世紀前期寫成的《後拾遺往生傳》上——三的〈性信傳〉內就有相關的記載。順帶一提，性信是三條天皇的第四皇子，是第二代的仁和寺御室[4]。

上野守家宗的妻子生病後，上野守家宗為了治療妻子，遂拜訪了性信法親王，希望性信法親王能予以加持。在進行加持後，上野守家宗的妻子瞬間痊癒，也能立刻回家。之後，上野守家宗便從京都前往任地上野國（現在的群馬縣）赴任。結果，被某物附身的岳母突然跑來找他，抓住上野守家宗大喊「為什麼不先放了我，就跑來關東啊！」當家宗問「來者何人？」，對方便回答「吾乃住吉大明神。性信法親王在加持之後，到現在還不放了我」，因此家宗便再次前往仁和寺拜訪性信，請求性信釋放住吉大明神。

就常理來說，若是因物氣而生病，通常會透過加持的方式調伏物氣，等到病癒之後，再釋放附身於寄坐的物氣，讓物氣不敢再來侵擾。前面提過，日本古代認為

4 編按：仁和寺由宇多天皇創建於仁和四年（西元八八八年），後剃度出家於仁和寺修行，因此仁和寺古時皆由皇族擔任住持「御室」。

調伏神明是大不敬，所以不會以加持的方式對付神明，而是會以祭祀或是祓禊（編按：讀作「符系」，在水邊以草藥沐浴淨身之禮）的方式來請走神明。不過，性信在調伏住吉大明神之後，卻沒有解開咒語，就這樣放置不管。遲遲未得到釋放的住吉大明神就這樣被禁錮著，動彈不得。照理說，性信在透過加持調伏時，已經知道讓上野守家宗的妻子生病的是住吉大明神，但是他卻完全不害怕這位神明，甚至沒有替這位神明解開咒語。儘管住吉大明神是朝廷非常看重的神明，但還是被性信看扁了啊。

從這個傳記可以發現，就算是神明，只要為非作歹就會被懲罰（小山聰子《中世前期的疾病治療的神明與物氣》），尤其疫鬼也會成為被調伏的對象。這意味著位階與神明相當的疫鬼被當成散播瘧疾的瘧鬼。「就算是與神明相近的鬼，也可以直接對付，不需要大費周章地祭祀」也漸漸地成為常識。

被拋棄的鬼子的力量

也有將看得見的對象視為鬼的例子。比方說，長得很畸形的孩童就被稱為「鬼子」，所以接下來讓我們一起了解被稱為鬼子的障礙兒吧。

藤原賴長的日記《台記》天養元年（西元一一四四年）五月二十日一節提到了鬼子出生的謠言，而這個謠言來自左近衛大將源雅定。

> 聽說大津有一名鬼子出生。這名鬼子的臉約有一尺（約三十公分長）長，兩隻眼睛都沒睜開，鼻子的長度直達顎部，顎部的下面是嘴巴，頭部後方也有眼睛、鼻子與嘴巴。不過，頭部後方的眼睛只有一個。鬼子出生後便被丟棄在路旁。行經的人撐著手杖走近一看，鬼子立刻抓住手杖站了起來。一夜過後，便行蹤不明。

說到底這只是藤原賴長聽來的傳聞，不能就此信以為真。不過，在距離京都不遠的近江國（現代的滋賀縣）的大津，有一名形體怪異的嬰兒出身，而且還被拋棄，應該是事實沒錯。從《台記》的內容可以發現，鬼子似乎擁有比一般嬰兒更不可思議的力量，而且也被視為不知真面目為何的恐佈之物。

被視為怪物的鬼子的誕生

史書也常常記載形體怪異的小孩的出生。若問為什麼史書要記載這種事情，是因為當時的人們認為這種小孩的誕生對國家具有重大意義。比方說，史書《百練抄》長寬三年（西元一一六五）四月十二日一節就記錄了下列這段內容。

近衛河原一帶有名異兒。胸部以上分成兩人，有兩顆頭，胸部以下為一人。讓諸道翻查和漢的前例。

「異兒」與鬼子同義。這裡說的「異兒」應該就是被雙親丟在河畔的棄兒吧。「諸道」應該是通曉經書（記載儒教基本教義的書籍）的明經道或是通曉法律的明法道。要這些官員調查日本與中國是否有前例，再以予回報這點也令人玩味。

古代中國認為當皇帝失政，就會發生怪事或是天災，以作為一種警惕皇帝的思想。盡管這種思想未於日本普及，但還是將畸形兒的誕生視為怪事。比方說，東晉時代的學者干寶所著的《搜神記》就多次提到畸形兒誕生的例子。當時的人們認為，畸形兒誕生是怪事，也是政治與社會將陷入混亂的預兆，而深受中國思想影響的日本便同將畸形兒誕生視為異兆。就算是遠離京都的偏遠地帶，只要有這種嬰孩誕生，國司就會秉報朝廷。同時，除了畸形兒之外，畸形的動物誕生也會上報朝廷。

至於日本的鬼子則以身體一個、頭有兩個、手有四隻的例子居多。比方說，中山忠親的日記《山模》治承三年（西元一一七九年）十一月九日一節就提到，五條河原出現一名只有一個頭，手腳卻各有四隻的「異兒」，明經博士清原賴業針對此事調查「和漢」的前例之後，發現全部都是兩顆頭的案例，一顆頭與多隻手腳的例子則是首見，所以便認為是天皇駕崩、謀反、大臣薨去（薨去是皇族或是官居三位以上的人死去時的用語）的凶兆。

之所以都是一具身軀長兩顆頭的例子，應該與中國的文獻中記載了許多這類畸形兒誕生的紀錄有關。在史書《漢書》之中，專門記載與解釋災害的「五行志」就根據《京房易傳》將兩顆頭的案例解釋為統治高層不團結的徵兆，也將多手多腳的

案例解釋為任用了邪惡之人。在中國這些書籍的影響之下，人們相當害怕這類畸形兒的誕生，而且不論畸形兒的真實樣貌為何，人們總是會加油添醋，待到消息傳入遠在京都的貴族耳裡時，這個畸形兒就演變成一軀、雙頭、四手了。

被拋棄的鬼子

因為長得怪異而被棄養的嬰兒時有所聞（大喜直彥「中世的捨子」）。左大臣三條實房的日記《愚昧記》永萬二年（西元一一六六年）七月十九日一節就記錄了下列這段與鬼子有關的傳聞。

> 聽說美福門前面有名被拋棄的鬼子。據說這個鬼子的頭呈三角形，嘴為四角形，額頭還長了角。幾經思考後，這種「異人」的出現恐怕是極度不祥的凶事。去年也有一兩名這種「異子」出生。光是思考這件事，就覺得太不可思議了（大恠）。真是可怕，真是可怕啊。

美福門是大內裏面向二條大路的門（參考第一章的平安京大內裏圖）。由於會有許多人經過，所以應該是希望有人撿去撫養才會丟棄在這裡。大寺院或是貴族的大宅門前也常有棄兒。這段《愚昧記》的內容與前面的《台記》一樣都只是傳聞，所以不知道是否正確記載了鬼子的樣貌，但還是將畸形兒出生這件事視為凶事，同時還將這件事視為「大恠」，也就是將這件事視為可怕的凶兆。從這些內容足以發現，當時的人們還不知道畸形是一種疾病，所以被視為凶兆的鬼子也被認為是可以拋棄或是應該棄養的小孩吧。

於西元十二世紀寫成的《東山往來》也有棄兒的相關記載。《東山往來》是由京都東山的僧侶與檀越這位平常人之間往來的書信所編成的書籍（書信的範本集）。《東山往來》二十三條提到，某位雜使女（於朝廷或院御所受人差遣的雜役，在隨行的僕人之中，是最下級的女性）生了一名長牙齒的男嬰，覺得此事怪異的鄰居便說「這小孩真是不祥，一出生就長了牙齒，一定是鬼」，便勸這位雜使女將這名嬰孩埋到山裡，殺了他，而這封信就是在問，是否該這麼做。僧侶則在回信之中強調，出生就長了牙齒是天賦異秉的證據，這種小孩不會危害人間，也提出有

些名僧與天皇出生就長了牙齒，還說最近的人「知識淺薄」，所以才會把這種現象當成「異相」，並且勸檀越養大這個孩子，再讓他出家為僧。

從《東山往來》的內容便可得知，只不過是因為出生就長了牙齒，就有可能會被當成鬼棄養。當時的人們認為，只要活埋這種「不祥」的小孩，某種程度就能化解這種「不祥」，所以才會棄養。

也有許多與棄兒有關的紀錄。除了道路之外，橋梁、河畔、山腳都是棄養的場所，而這些地方都可說是現世與異世界之間的邊界之地。大多數的棄兒都會在無助的情況下死去。所以當時的人們認為這類送人離開陽世的地點或是邊界之地，正是棄養嬰兒的絕佳地點。

畸形兒被形容為「鬼子」這點也值得注意。尤其《愚昧記》還提到長了角的嬰兒。這應該是因為當時普遍認為鬼就是長了角的模樣吧。由於外表與尋常的小孩不同，所以人們才會如此畏懼，也害怕畸形兒長大後，會具有常人難以抗衡的力量，並仗著這股力量危害人間。

現代人絕對無法接受畸形兒被稱為鬼子，不過，我們絕對不能對這些歷史視若無睹，而是該將這些歷史銘刻在心裡面。

雖然活著，卻想成為鬼

一般認為，鬼擁有人類欠缺的神奇力量，所以才會出現女性寧願變成鬼，也要報仇的故事。比方說，屋代本《平家物語》〈劍卷〉就提到了宇治橋姬的故事。故事的概要如下。

> 時值嵯峨天皇的時代。某位公卿的女兒因為她的男人去找其他女人而心生妒恨，便跟貴船大明神祈求「請把我變成鬼，我想殺了那個可恨的女人」。結果貴船大明神居然現身，並告訴她「若想成為鬼，就改變裝扮，去宇治川的河畔，泡在河裡二十一天，如此一來就能化身成鬼」。
>
> 因此這位公卿的女兒便將長髮綁作五綹，抹上松脂捲起來，在面部塗抹紅色胭脂，在身上抹上紅土，並在頭上戴上鐵輪（放置火缽的鐵臺，也就是帶有三支腳的倒置鐵圈），再取三支火把點起火，其中一支用嘴咬著。在深夜走到大路

之後，頭上冒出五道火焰。偶然撞見她的人都會死去。她走到宇治川的河畔，在河裡浸泡二十一天之後，果然真如貴船大明神所述，變成活生生的鬼。她就是宇治的橋姬。

宇治的橋姬在變身成鬼之後，殺光了情敵身邊的人，也殺光了嫌棄自己的男人的親族。接著又不管身分或性別，殺了許多人。住在京都的人因為害怕被殺，所以一到傍晚就紛紛躲回家裡。

就在這個時候，源賴光的隨從之一，也是四天王之首的渡邊綱，在經過京都邊界一條堀川上的戾橋時，遇見一位美女，便打算騎馬送這位美女回家。當他問這位美女該送她回何處時，美女突然化身厲鬼大喊「我要去的地方是愛宕山」，語音剛落，就拉著渡邊綱的鬍子朝向西北方向，往愛宕山飛去。由於渡邊綱早就感到事情不單純，所以便不動聲色地從腰帶中抽出名為髭切的太刀，斬斷鬼的手，而渡邊綱便重重地摔在北野社的迴廊之上。被斬斷手的鬼則是直直地飛往愛宕山。被渡邊綱切斷的鬼手色黑就像顏色黝黑的土一樣。當他把鬼手拿給主公源賴光看時，源賴光便請陰陽師安倍晴明來占卜此事。安倍晴明要

> 渡邊綱待在家中齋戒七日，並念誦仁王經。到了第六天晚上，有位女子來到源賴光的家裡，離開時趁隙便將鬼手奪走了。

這故事還真是令人恐懼啊。在頭髮塗抹松脂並戴上鐵輪的宇治橋姬的確讓人覺得很詭異，凡是讀過這個故事的人，應該都對這副模樣印象深刻才對。至於明明活著卻化身成了鬼的這點，則與死靈化成的鬼截然不同，而且也相當有趣。如果真能變成鬼，應該就能超越肉身，自由自在地大量殺人吧。鬼的這種形象與前述的鬼子可說是完全吻合對吧。順帶一提，宇治橋姬的這個故事變成能劇《鐵輪》這個劇目，而這個劇目至今仍在持續上演。

2 鬼的棲息之地

來自海的另一邊

雖然前面提到了宇治橋姬這個由人變成鬼的故事，但其實「鬼」是從外面來的

這種概念仍然根深蒂固。到底這些鬼是如何來到我們的居住地的呢？

比如，在《今昔物語集》這類話本之中，常常提到鬼在半夜於都城徘徊的故事。這些鬼通常都在一條戻橋或是二條大宮的辻（看到鬼就「啊哇哇地」讓人逃跑的十字路口，正確的位置在大內裏的裏鬼門附近的十字路口）這類陽世與彼世邊界的地點出沒（田中貴子《看得到百鬼夜行的都市》）。當時的人們認為，橋或是十字路口是撞見魔物的地點，所以常有在橋或是十字路口撞見鬼的情事。除了這些位於市內的陰陽界線之地外，深山或是杳無人煙的地方，也都被視為鬼的棲息之處。

不過，當時的人們也認為，散播瘟疫的疫鬼來自海外。有趣的是，除了疫鬼之外，只要是鬼，好像都被認為是從異國而來。如許多日本人從小聽到大的「桃太郎」就是去鬼島降伏惡鬼的故事。換言之，鬼是住在日本境外的東西。要研究鬼的歷史，當然得先了解當時的人們都認為鬼住在哪裡，所以接下來就為大家介紹這個部分。

關白藤原兼實的日記《玉葉》承安二年（西元一一七二年）七月九日一節提到有長得像鬼的人乘船而來的消息傳入兼實耳中。由於國司在公文上詳盡地報告了此事的來龍去脈，所以都城的貴族應該都知道這件事才對。《玉葉》中對這事的記載概要如下。

據說伊豆國（現代的靜岡縣伊豆半島與東京的伊豆諸島）出現了「異形者」。有五、六名「鬼形者」搭著以紫檀或赤木這種南國樹木打造的罕見船隻來到伊豆國的出島，這些「鬼形者」的容貌都相當「希奇詭異」。盡管島上的人很是害怕，還是仔細觀察他們，也試著湊過去搭話，卻沒有得到任何回應。問他們要不要喝點酒之後，發現他們雖然沒有回應，卻似乎稍微敞開心房了，所以便把酒給了他們。據說這些「鬼類等」後來還要求了弓與箭，但島民不敢隨便把武器給他們，於是這些鬼形者突然勃然大怒，抽出插在腰際的三尺（約九十公分）長的白木毆打島民，約有五、六名島民被殺。剩下的七、八人雖然撿回一命，卻仍身受重傷。因此島民便集結起來，帶著弓箭射殺鬼形者，沒想到他們一點都不害怕，還從腋下射出火焰，將島民的田地燒得一乾二淨，然後便乘船逃往南方了。

目前尚不知道這段紀錄之中的「出島」是現代的哪座島，但兼實聽到的「異形物」「鬼形者」「鬼類等」應該不是真的鬼，只是「蠻夷之類的人」。從現代來看，「蠻夷」有歧視的意思，但在當時只是外國人的代名詞。

正因為是從外國漂流而來的人，所以就算島民搭話，語言也不通，對方也無法回應。從這段紀錄可以得知，當時的日本人對於語言、容貌、體型都不同的外國人有多麼害怕。相較於領土與其他國家接壤的國家來說，身為島國的日本的確很少有與外國人接觸的機會，日本人平時自然沒什麼機會接觸外國人，排他的傾向自然而然會變得明顯，將漂流者視為「鬼形者」或「鬼類等」也是其來有自。

順帶一提，在《玉葉》這段紀錄之後的八十年左右，編撰而成的話本《古今著聞集》的第五九九話「承安元年七月，鬼抵達伊豆國奧島一事」也記載了這件「鬼形者」來到伊豆國的事件。不過，提到的年份與島嶼的名稱都與《玉葉》不同，內容也比《玉葉》詳細，而且相較於《玉葉》以「異形者」「鬼形者」或是「鬼類等」這類字眼形容漂流者，《古今著聞集》則是直接了當地將漂流者稱為「鬼」。

漂流到鬼島

當時的人們普遍認為鬼住在海的另一邊的島嶼。比方說，《今昔物語集》三一——一六節就提到佐渡國（佐渡島）的居民漂流到北方的某座島嶼，結果遇見鬼的故事。概要如下。

> 佐渡國的居民因故整群搭船出航後，突然刮起一陣強烈的南風，把他們吹向遙遠的北邊，最後漂流到某座島嶼。正當他們準備踏上這座島時，有個頭包白布，身高非比尋常的人走了出來，但看不出對方是男人還是小孩。那個樣子實在不像這世上的人。船上的人便大喊「他肯定是鬼，我們不小心漂流到鬼島了」，接著島上的人便說「你們絕對不能登島，否則下場會很慘。拿著食物快走吧」，之後便有人拿著食物過來，還對船上的人說「雖然不能讓你們登島，但你們可以邊吃飯邊等，風向待會應該就會改變了，到時候就能回到自己的國家」。之後風向果然改變，佐渡國的居民也得以將船開回佐渡國。所以島上的

人不是鬼啊，該不會是神明吧？佐渡國的居民回國後，述說了整件事的經過，但聽到的人卻非常害怕，因為那座島應該不是外國，而且島上的人說日語，體格也比日本人粗獷，也是最近才發生的事情。

當時的人們認為，佐渡島為日本的最北端，換句話說，這些佐渡國的居民漂流到比佐渡更北方的島，也無法斷言那不是在外國的島。這個故事的重點在於乘船的人在看到島上的人之後，將島上的人視為鬼。之所以會將那些島民視為鬼，在於這些人住在島上，身材又十分壯碩，所以才會把島民視為異人吧。若真的是鬼，船民應該無法平安回到佐渡國；也因為順利地回國，所以才覺得島上的人不是鬼，而是神明吧。

另一個故事則是在《今昔物語集》三一——二一節提到，能登國（現在的石川縣北部）近海有座名為鬼寢屋島的島嶼，聽說這座島嶼有無數的鮑魚。將這座不可思議的島命名為「鬼寢屋島」這點很有趣。許多故事都會提到日本海上面的鬼島。之所以將它命名為鬼寢屋島，或許與漁民是在日本海域移動、漂流，加上能登國也被定位為交易據點有關吧（保立道久〈虎、鬼島與日本海海域史〉）。鬼向來被認為是住在海的另一邊的小島，而通常都預設為是位於日本海周邊，外國人會進入的島嶼。

異形的漂流者

就現存的史料而言，不時有漂流者的相關紀錄。比如第一章提到的《小右記》就有巨人漂流到丹後國的紀錄，此外，前文提到的《玉葉》也有類似的紀錄，漂流到伊豆國的「鬼形者」也一樣是來自海外的漂流者。

話本中也常收錄漂流到日本的異形的故事。比方說，《今昔物語集》三一——一七節就提到，有名身高五丈多（約十五公尺多）的死人漂流到常陸國（現代茨城縣的大部分區域）。不知道那名死人是不是曾被鱷魚撕咬，少了頭部、右手與左腳。此外，陸奧國的沿海街道也有巨大的死屍被沖上岸。由於被埋在砂子裡面，所以難以分辨是男是女，但是學識淵博的僧侶提到「連佛都沒提過這世界有這種巨人。仔細想想，這或許是阿修羅女吧，從她身上的裝扮如此美麗來看，這個推論應

該沒錯」。所謂的「阿修羅女」就是女性的阿修羅，而阿修羅則是古代印度的鬼神。

《今昔物語集》三一——一八節也有小人漂流到日本的故事。其中提到，有一艘寬二尺五寸（約七十六公分）、深二寸（約六公分）、長一丈（約三公尺）的小船被沖上越後國（現在的新潟縣）的海灘。據說這艘船每間隔一尺（約三十公分）就有船槳摩擦的痕跡。由於之前也曾發現過這種小船，所以大部分的人都認為，越後國的北方存在著小人國。海的另一邊有各種漂流者，也因為外觀與日本人截然不同，所以常被視為是鬼或是小人。

壓制鬼島的源為朝

除了上述那些漂流者的故事，也有前往鬼島，壓制鬼的故事。比方說，在保元之亂投奔上皇結果失敗的源為朝，就在承久年間（西元一二一九－一二二二年）寫成的《保元物語》中被形容成壓制「鬼島」的英勇武士。保元之亂是發生於保元元年（西元一一五六年），崇德上皇與後白河天皇爭鬥所引發的動亂。據說源為朝是一名身高七尺多（約兩公尺十公分）的巨漢，用來撐弓的左臂也比右臂長四寸（約十二公分），是一名以射箭聞名的武者。《保元物語》對於敗北的源為朝的描述如下。

源為朝雖以英勇聞名，卻於保元之亂敗北。為了不讓他成為朝敵，便將他的左右手從肩膀卸下來，再流放至伊豆大島。沒想到源為朝一個人就能將手臂裝回肩膀。雖然力氣大不如前，但因為手臂變長了，更能以弓箭射穿目標。源為朝除了壓制了伊豆大島，還壓制了宮藤介茂光領有的三宅島、神津島、八丈島、mituke島（有可能是利島）、沖之小島、新島、三倉島。某日，源為朝看到青鷺與白鷺從八丈島飛往東方之後便說，「海的另一端有島，所以青鷺與白鷺才會往那邊飛，我也去看看好了」，接著便朝著青鷺與白鷺的方向出海。

在航行一天一夜之後，源為朝抵達了某座不知名的島嶼。當他登上島嶼後，便看到一群右側腰際插著刀，頭髮散亂，身高一丈（約三公尺）多的大童（頭髮像小孩一樣散亂的人）。雖然這些大童說著異國的語言，但是源為朝卻立刻能

夠聽懂。大童說這座島除了魚與鳥之外，沒有其他的食材，也沒有船，所以沒辦法釣魚，也沒有撒網捕魚的地方，被浪打上岸的魚不需要烹調，烤熟之後，就能直接用手撕著吃。此外，還可以躡手躡腳，偷偷地抓住鳥類來吃。此時源為朝便用弓將空中的飛鳥射下來，並跟大童說「若不聽從我的命令，我就射殺所有人」，威脅大童服從自己。大童說：「這座島的名字是鬼島」，又提到：「以前這裡有鬼，但現在已過了相當久的時間，隱身蓑衣、隱身斗笠、萬寶槌、不沉鞋都不見了，所以沒辦法遠渡他國，也沒有膽子渡海」。大童的確長得很高，臉也特別長。源為朝對大童說，「以後不准再叫此處為鬼島」。由於這裡長滿了蘆葦，所以便稱為葦島。源為朝命令大童每三年上繳年貢一次之後，便回到八丈島。

之後，宮藤介茂光在呈給後白河上皇的奏褶之中提到，自己的領土被源為朝奪走，也提到源為朝收伏了鬼的子孫之後，有可能連日本國都要壓制，所以後白河上皇便下令討伐源為朝。由於沒人願意與源為朝為伍，戰到精疲力盡的源為朝覺得，與其被島上這些無名小卒殺死，還不如自我了斷，於是他便縱火燒了自己的家，並切腹自殺。

沒想到以英勇聞名的源為朝被奉為英雄之後，居然傳出壓制「鬼島」的謠言，話雖如此，以其身手名震四方的源為朝在敗北之後，遠渡「鬼島」，收服鬼的子孫這個故事的確挺有趣的。住在「鬼島」的鬼的子孫之所以都被稱為「大童」，或許是因為他們都沒戴烏帽子（編按：古和服的一種黑色禮帽，以薄絹製成），也沒有把頭髮綁束起來，一副披頭散髮的模樣吧。在古代到中世這段期間，留這種髮型的人，就算已經長大為成人，也會被稱為「童子」，從事牛童（牧牛）、堂童子（在寺院打雜的少年）、大童子（受僧侶差遣的童子）這類工作（參考本章第六十三頁的《平治物語繪詞》的牛童）。一般以為，這些名中有「童」字的人具有靈力，是「神聖的存在」，擁有超凡的力量（網野善彥《異形的王權》）。《保元物語》常常被改寫，所以內容有很多種版本。在現存的各種版本之中，算是保留了原始內容的半井本將源為朝鎮壓的那座島稱為「鬼島」，但是杉原本以及其他的版本卻稱為「鬼之島」。那些被稱為鬼的後代的大男被形容成不耕種，沒有船，不烹調食物的一群野

蠻人。從這點可以知道，當時的日本人對於住在海的另一邊的人既畏懼，又瞧不起吧（目黑將史〈異國合戰描寫之中的『異域』〉）。

比如，肥後國（現代的熊本縣）曾兩度遭受蒙古元寇（文永之役、弘安之役）侵擾，在遭受元寇入侵之際，御家人竹崎季長可說是奮勇抗敵，其英姿也被畫在《蒙古襲來繪詞》之中，而我們可從這個《蒙古襲來繪詞》一窺當時的日本人多麼害怕與輕蔑外國人。《蒙古襲來繪詞》雖然將入侵日本的元軍畫得栩栩如生，但其實並未親眼見過元軍。於是其中的元軍便被畫成十分詭異的模樣，除了顏色呈現為淡黑色之外，眼睛也被畫得如牛鈴般碩大，鬍子被畫得如鋼鐵般堅硬，這與元軍實際的樣貌可說是截然不同。

此外，也想請大家看看於西元十四世紀寫成的《八幡愚童訓》甲本。《八幡愚童訓》的主旨是讓小孩了解八幡神的功德，是於石清水八幡宮周邊寫成的書，甲本則是描述八幡神在蒙古大軍襲來之際展現的神蹟。日本被元寇（即蒙古軍）或是「異國」侵擾的次數共有十一次，如仲哀天皇（日本武尊之子）的時候，曾有位名為「塵輪」的異國人士入侵日本。據《八幡愚童訓》的說法，「塵輪」的外貌有如

「鬼神」，身體呈紅色，頭有八個，能駕著烏雲騰空飛起，也殺害了許多百姓。想必是當時的人實在太害怕異國之人，才會捏造這種情節吧。

中國書籍之中的異形

一如前述，古時候的日本人總覺得位於海的另一端的小島有巨人與小人居住，這些極大或極小的異形樣貌也是讓當時的日本人遙想異界事物的元素（三宅和朗《古代人的心性與環境》）。其實中國的書籍中也曾提到了巨人國或小人國。例如《山海經》的〈大荒南經〉就提到有一個「小人」國名為「焦僥國」，而《山海經》的〈大荒東經〉也提到中國東方的海有巨人居住的「大人國」以及小人居住的「小人國」。《魏志倭人傳》也提到，在女王卑彌呼治理的國家（邪馬台國）的極東之處是倭國的一部分，而南方有身高僅三、四尺（約九十公分到一二〇公分）的人居住的「侏儒國」。想必這些內容都是源自《山海經》這類書籍吧（渡邊義浩《解開魏志倭人傳之謎》）。「侏儒」就是矮小之人，也就是小人的意思。當時的中國人似乎認為東方或南方住著身材矮小之人。

此外，本書第一章也提過，《山海經》的〈海內北經〉記載，中國的北方有「鬼國」，《魏志倭人傳》也像是呼應一般，提到卑彌呼的「女王國」的北邊有一個「鬼國」。由此可知，日本的史料之所以會提到鬼的漂流或是鬼島，應該都是受到中國思想的影響吧。

3 地圖上的鬼島

稱名寺收藏的《日本圖》之中的羅剎國

稱名寺收藏的《日本圖》（金澤文庫保管）是目前日本列島與其周邊世界最古老的地圖。金澤文庫是北條實時（西元一二二四—一二七六年）於武藏國（現代的東京都、埼玉縣與神奈川縣東部）的六浦莊金澤鄉武家大宅建造的文庫，後來北條實時的後代繼續充實藏書，除了讓族人借閱，也開放僧侶借閱。

稱名寺收藏的《日本圖》是一張手繪的地圖，咸認為是於西元十四世紀初期到中葉繪製。以上方為地圖的北方是到近代才有的概念，所以早期地圖的上方有可能是各種方位，比如這張地圖的上方就是南方，不過這張地圖少了遠江（現代的靜岡縣西半部）與越後以東的區域。此外，日本的周圍也有像是長了鱗片的龍（或是蛇）的身體。龍身的內側應該是日本國內，外側則是日本國外。龍身的外側記載了「龍及國」（琉球國）、「宇嶋」（大島）、「雨見島」（奄美島）、「唐土」（南宋）、「高麗」、「蒙古」、「新羅國」、「對馬」、「隱岐」、「海道國付」。目前不知道「海道國付」所指何處。「龍及國」與「宇島」的部分還附帶了「身人頭鳥」（鳥頭人身的意思）的說明。至於在龍身之外的對馬與隱岐則彷彿就像是化外之地，這點對了解當時的日本人對國土的看法很是有趣。

除了上述的內容之外，北方（地圖的下方）還記載了「雁道」，南方（地圖的上方）也記載了「羅剎國」。「雁道」的部分附註了「雖有城，非人」（有城池，但不是人），「羅剎國」的部分則附註「女人萃、來人不還」（女人很多，來到這裡的人都無法生還）。「雁道」很可能是源自中國書籍的北方異界（黑田日出男《龍棲之地的日本》）。「羅剎」則是古印度梵語「Raksasa」的音譯，意思是會欺騙人與吃人的惡鬼，男羅剎的長相極為猙獰，女羅剎卻相當美麗。《法華經》的

「陀羅尼品」提到，十羅剎女原本是吸取人類精氣的鬼女，後來被佛陀感化，成為守護《法華經》信徒的善神。

這張地圖提到羅剎國有很多女人，凡是造訪該地之人皆無法生還，因為會被羅剎，也就是被惡鬼吃掉。

《大唐西域記》之中的羅剎國

中國唐朝的《大唐西域記》（於西元六四六年寫成）十一節內的「僧伽羅傳說」中也提到了羅剎國。三藏法師玄奘在印度遊歷之際，看到了許多地理、風俗、佛教的狀況以及傳說，而這些內容後來便由三藏法師玄奘的弟子整理成《大唐西域記》，這本地理書後來也獻給唐朝第二代皇帝唐太宗。其中提到的「僧伽羅國」被認為是位於印度的南海，相當於今時今日的錫蘭島（斯里蘭卡）一帶。「僧伽羅國」的內容是贍部州（印度）的僧伽羅帶著五百名商人出海尋找寶物時，被狂風吹偏航線，漂流到羅剎國的故事。概要如下。

與僧伽羅一起漂流到羅剎國的人都與當地的美女結成夫妻。不過，這些美女的真實面目是羅剎女，知道自己與同行之人最後會被吃掉的僧伽羅被一天馬拯救，才得以回到故鄉。不過，成為僧伽羅之妻的羅剎女王卻帶著稚子追來，向國王控訴僧伽羅是不忠的丈夫。被女王美貌迷惑的國王便不聽僧伽羅的忠告，逕自立女王為后。王將羅剎國的羅剎女偷偷帶入後宮後，羅剎女果然召集來眾鬼女，吃了國王與宮中所有的人畜，便逃回羅剎國。之後，僧伽羅便在國民的推舉之下成為國王，率兵攻打羅剎國，討伐了所有羅剎女，創立了僧伽羅國。僧伽羅就是釋迦如來的前身。

稱名寺收藏的《日本圖》的「羅剎國」應該參考了《大唐西域記》的「僧伽羅國」。不過，《今昔物語集》與《宇治拾遺物語》也都提到了「僧伽羅國」的故事。因此，雖然不知道繪製地圖的人繪製「羅剎國」的時候，是以何者為根據，但至少是直接或間接參考《大唐西域記》的「僧伽羅國」（黑田日出男《龍棲之地的日本》）。

《今昔物語集》也很常提到羅剎女，例如一二——二八節就提到羅剎女身高一丈（約三公尺），能從眼睛與嘴巴噴火，還會以女人的模樣吃人。此外，一七——四三節則提到，某位僧侶在鞍馬寺閉關修行之際，突然有名女子現身，這位修行僧立刻看穿這名女人是鬼，於是向毘沙門天（編按：即管理羅剎夜叉之武神）祈禱，羅剎鬼也因此被朽木壓死。當時的人們普遍認為，羅剎女會試圖擾亂修行者的心神（田中貴子《看得到百鬼夜行的都市》）。《日本圖》的羅剎國也是根據當時的普遍認知所繪製的。

之後的羅剎國

順帶一提，於比叡山以及其他高山定居，隸屬於天台宗門跡寺院的青蓮院門跡與梶井門的高貴之人下山時，都是由八瀨童子幫忙扛轎子，而當時的人們也認為八瀨童子與羅剎國有關。八瀨童子也就是負責砍伐樹木，搬運木材的杣人（即樵夫），因此對山間小路知之甚詳，也擁有強壯的體魄。西元十五世紀左右，由天台宗穴太流記錄的《依正祕記》就提到，八瀨童子是比叡山西方院的座主（印賢）遠渡羅剎國說法之際帶回來的「鬼童」的子孫。由於「鬼童」的外形像童子，所以直到現在，八瀨的居民還有不剪頭髮，保留童子模樣的人。《依正祕記》也提到「八瀨」又寫作「夜叉」，讀音為「yase」。

這裡提到的童子都是沒戴烏帽子，披頭散髮的模樣。前面提到的《保元物語》的「鬼島」的鬼也是童子的模樣。看來當時的人們傾向將那些像童子，卻不像人的人都看作鬼。八瀨童子或許也是因為熟悉山野，又擁有強壯的身體，所以才會被視為鬼吧（西山剛「中世的八瀨童子的職能與存在形態」）。

此外，羅剎國也常出現在後世的日本地圖之中，連近世的地圖都能見到羅剎國的記載，而且繪有羅剎國的日本圖後來也傳至外國。比方說，為了取締倭寇（襲擊朝鮮半島與中國大陸沿岸的海賊）而來到日本的鄭舜功（編按：明朝嘉靖年間的探險家）在西元十六世紀寫了百科全書《日本一鑑》，其中的「日本圖」就繪有「羅剎鬼國」。此外，義大利的佛羅倫斯公立檔案館（Archivio Stato di Firenze）也有以葡萄牙文記錄的日本地圖。每個國家都繪有歐式城堡，南方則有以葡萄語寫成的「這座島只有女人，沒有男人，凡來到此島者，無一生還」。這張地圖很有可能是十六世

紀天正遣歐少年使節贈送給佛羅倫斯麥地奇家族的禮物。有可能是由與少年使節同行的耶穌會傳教士譯成葡萄牙語（織田武雄《古地圖的博物誌》）。

將外國人看成鬼與將形態異常的小孩視為鬼子是同一個道理。簡單來說，社會中的少數族群都被當成可怕的鬼。不管是外國人還是畸形兒，當時的日本人都覺得他們擁有不可思議的超凡力量，而這種認知也帶有濃厚的排他以及以自我為中心的概念，這種概念不僅常在歷史中的日本人身上見到，也會繼續延續下去。

第三章　被擊退的鬼——中世

1　撒豆這項習俗的由來

疫鬼的模樣

本章的主角是日本中世後期的鬼。現代的日本會在立春的前一天舉行「節分撒豆」的儀式。所謂「節分」原本是季節更迭之日，分別是立春、立夏、立秋、立冬的前一天，尤其由冬轉春的立春更被視為年與年之間的界線，也漸漸受到重視。

第一章也提過，現在的節分源自追儺。此外，在追儺的影響下舉辦的佛教修正會也有可能是節分的起源（小松和彥《鬼與日本人》）。修正會就是於一年之始，在寺院祈求天下平安與天皇玉體安泰的法會。

一如第一章所述，追儺是為了平息瘟疫，趕走疫鬼而在除夕夜舉辦的年度盛事。由於疫鬼與神明的地位相當，所以無法由僧侶調伏，只能由陰陽師趕出區域之外，但是到了十二世紀之後，就出現由僧侶調伏的例子。此外，在某些話本也能看到痛擊疫神的情節。這部分也已於第二章提過。

進入西元十四世紀之後，瘟疫主要由醫師治療，尤其出現了在感染瘟疫之後，改由醫師治療，而不是由僧侶或陰陽師治療的紀錄。比方說，公卿三條公忠的日記《後愚昧記》應安七年（西元一二七四年）正月二十二日一節就提到後光嚴上皇感染了疱瘡（天花）。由於病情不斷惡化，最後於二十七日由施藥院使丹波篤直利用抽針刺破膿瘡來治療。不過最終治療未果，後光嚴上皇於二十九日駕崩。在後光嚴上皇罹患疱瘡的時候，已經沒有請來陰陽師或是僧侶治療的紀錄。

由此可知，雖然在西元十四世紀的時候，還會請僧侶或陰陽師治療瘟疫，但是醫師也漸漸扮演了重要的角色，因此，疫鬼的模樣也逐漸產生變化。如《融通念佛緣起繪卷》中便描繪了成群結黨的疫鬼。正本是於正和三年（西元一三一四年）繪製，但已不復存在。所以讓我們一起看看克利夫蘭藝術博物館版本藏本所描繪的疫鬼。一般認為，克利夫蘭藝術博物館的這個版本是在距離正本不遠的時代繪製，而

成群結黨的疫神
（出處：《日本的繪卷 21　融通念佛緣起》）

且與正本的內容相近。《融通念佛緣起繪卷》下卷「正嘉疫癘段」的內容如下。

> 正嘉年間（西元一二五七—一二五九年）瘟疫蔓延，許多人病死。武藏國與野郡的名主為了避開瘟疫，召集家中男女舉辦「別事念佛」（於等定期間念佛），也撰寫了記載念佛番眾（交班者）的帳簿。是夜，名主夢到成群結黨、長相奇特的疫神想要闖入門中，名主為了阻止疫神闖入，便拼命地說明自己已經舉辦了別事念佛，還把帳簿拿給疫神看，聽聞此事的疫神大喜，便在每個結緣眾的名字下方簽名。名主又說「我有一個女兒，現在人在外地，希望能將女兒的名字寫進帳簿」，但疫神拒絕。夢醒後的名主翻開帳簿一看，果然看到疫神的簽名。之後就如疫神所告喻的，帳簿上的每個人都平安躲過瘟疫，唯獨名字不在帳簿上面的女兒死於瘟疫。

在畫中，準備整群闖入名主家中的疫神是鬼的模樣。《融通念佛緣起繪卷》之中的疫鬼其實有許多種模樣，有的長了牛角或鹿角，有的是人身雞頭，有的還將動物的骸骨戴在頭上；甚至有鬼是將鐵輪反過來戴，讓鐵輪的三支腳朝天；還有將直立的角盥（左右各有兩隻角突出的器皿）當成頭飾的鬼。儘管其中也有怒髮衝天，形相可怕的疫鬼，但整體來說，滑稽的成分似乎更勝於可怕的成分吧。比方說，將鐵輪戴在頭上的疫鬼雖然眼神穩定，但鼻子跟豬鼻子沒兩樣，至於戴著角盥的疫鬼也是眼神穩定溫柔，嘴角還帶著一抹微笑。

順帶一提，戴著鐵輪與角盥的鬼也於同為西元十四世紀繪製的《泣不動緣起繪卷》之中出現。《泣不動緣起繪卷》描繪了讓三井寺僧智興生病的鬼（小松和彥《鬼與日本人》）。就某種程度而言，那隻鬼的模樣已經深植人心，大部分的人都認為，害人類生病的鬼就是那副模樣。戴著鐵輪的疫鬼或許與戴著鐵輪變成鬼的宇治橋姬（參考第二章）有些淵源。

此外，大部分的鬼都只有三隻手指與腳趾（三隻爪）這點也很有趣。鬼、異類、異形常常都以三隻手指與腳趾為特徵，繪製這個繪卷的繪師在描繪成群結隊的疫神時，應該也是透過三隻手指與腳趾的特徵，突顯疫的樣貌詭異之處吧。

與其說疫鬼是鬼，更像是現代所說的怪物或妖怪。人們一開始以為瘟疫是由鬼散播，等到後來改由醫師治療瘟疫之後，便對被視為病因的鬼有所改觀，也才將疫鬼畫成接近怪物或妖怪的模樣。

鬼出去、福進來

節分的撒豆儀式是從西元十五世紀之後開始的。室町幕府的紀錄《花營三代記》應永三十二年（西元一四二五）正月八日一節提到，在節分時，朝明方（在陰陽道之中，由歲德神主掌的方位。又稱惠方）搗打大豆或是搗栗。所謂的搗栗就是輕輕地搗去乾燥栗子的澀皮（內層的薄膜）與外殼之後的成果。

此外，於文安三年（西元一四四六年）完成的辭典《壒囊鈔》一——八三也提到在節分之夜搗打大豆的習俗源自宇多天皇的時代（西元八八七—八九七年）。雖然不知真偽如何，不過相關的記載如下。

> 在鞍馬山深處的僧正谷有處美曾路池，美曾路池的邊緣有座方丈之穴，住在裡面的兩頭鬼神藍婆與惣主準備入侵都城，而鞍馬寺的別當透過毘沙門天的神諭

得知此事後，便將事情一五一十地稟告天皇。天皇在知悉此事之後，便命令明法道須布宣旨（傳遞天皇命令的公文書）。其中提到「毘沙門天的神喻指示，必須召集七名明法道的博士，命令四十九家的人塞住方丈之穴，再以三斛三斗煎熟的大豆丟瞎鬼的十六隻眼睛，就能把鬼趕走。此外，聞鼻這隻惡鬼若要吃人，只要將鯉魚命名為炙串，再掛在家門，鬼就沒辦法吞食人類」。

其實宇多天皇的時代是否已有撒豆的紀錄無從得知，所以節分撒豆儀式始自於宇多天皇的時代的說法，純粹只是一種傳承。儘管如此，這種傳承實在饒富趣味。被視為節分起源的修正會會在最後的結願時讓追儺進來，接著再由毘沙門天或是龍天趕鬼，而不是由第一章提到的方相氏趕鬼（鈴木正崇「追儺的系譜」）。《壒囊鈔》之所以讓毘沙門天扮演告知趕鬼方法的角色，想必與上述的傳承有關。順帶一提，《壒囊鈔》在十六世紀追加了十三世紀的辭典《塵袋》，改編成《塵添壒囊鈔》，而《塵添壒囊鈔》則提到將秋刀魚（而不是鯉魚）掛在門前，能夠避開鬼難。《春日權現驗記繪》也畫了疫鬼正在窺視某戶人家，而這戶人家的牆壁掛著秋刀魚頭的內容。

節分不只是趕鬼的節日，更是迎福神的節日。比方說，相國寺禪僧瑞溪周鳳的日記《臥雲日件錄》文安四年（西元一四四七年）十二月二十二日一節就留有，在立春前一天的二十二日夕陽西沉後，在室內撒「燒豆」，並且唱誦「鬼外、福內」這四字真言的紀錄。現代人在節分大喊的「鬼出去，福進來」則是在西元十五世紀中葉的時候出現。一年更迭之際的節分的確是最適合趕走疫鬼，迎來福神的時節啊。

撒豆期待的效果

為什麼鬼會被豆子丟呢？儘管《臥雲日件錄》的敘述是「撒豆」，但更多時候是以「丟」這個動詞形容，這應該是鬼被豆子用力「丟」到之後，就會被降伏的感覺吧。

其實中國醫書《神農本草經》就有「以生大豆塗癰腫，煮汁飲，殺鬼毒，止痛」的敘述，而這類中國醫學知識為日本所接受之後，於永觀二年（西元九八四年）寫成的日本現存最古老醫書《醫心方》之中也提到，服用煮大豆的湯汁可以殺

鬼（飯島吉晴〈節分與節供的民俗〉）。由此可知，大豆既是藥物，也能殺死散播疾病的鬼。

除了治病之外，大豆還有其他的功效。如於中世前期寫成的《諸山緣起》第二項，便提到了熊野參詣的內容。熊野參詣是前往紀伊國（現代的和歌山縣與三重縣的局部地區）的熊野三山（本宮大社、新宮〈速玉〉大社、那智大社等三座神社）參拜的宗教活動，在中世之後，除了貴族之外，這項宗教活動也普及於武士與庶民階級之間。不過，當參拜結束準備從熊野回來時，必須要特別小心，因為熊野的地主神麁亂神會吸取人的精氣，讓人不知方向。據說麁亂神很愛生氣，總是愛嚇人，而且一定會妨礙參拜者得到神佛的保佑。根據《諸山緣起》的說法，要阻止麁亂神搗蛋，必須準備檀香（白檀這類香木）與大豆香。只要將這些香料抹在臉頰兩側，麁亂神就不敢靠近。大豆香就是大豆磨成的粉，也就是黃豆粉。被譽為中國天台第二祖的南丘大師慧思的弟子曾說「招來各路麁亂神，再用檀香與大豆香丟瞎祂們的眼睛，祂們就會全部逃走」，意思是，將大豆粉抹在臉上，就能趕走惡作劇的鬼怪。

藤原賴資撰寫的《賴資卿熊野詣記》健保四年（西元一二一六年）三月二十一日與《熊野參詣日記（北野殿）》應永三十四年（西元一四二七年）十月六日都有以大豆粉化妝的紀錄，由此可知，當時的人們會利用大豆粉保護自己，遠離鬼怪的侵擾。

此外，於文安三年（西元一四四六年）寫成的《後崇光院宸筆寶藏繪詞》也提到了熊野參詣者以大豆粉化妝的緣由。在前往熊野參拜的路上，有許多王子社這種神社。參拜者會一邊向路上的王子社奉幣（向神明獻上幣帛），一邊向王子社祭祀的金剛童子祈求，希望金剛童子能保佑自己一路平安。在眾多王子社之中，地位相對重要的切目王子社（又稱切部王子社）的金剛童子又稱為切目金剛童子，《後崇光院宸筆寶藏繪詞》中就提到了一個與切目金剛童子有趣的故事。

> 切部王子（切目王子）受熊野之神熊野權現之命，負責保護僧人，所以就連僧人去上廁所，切部王子也寸步不離，但是覺得這樣很噁心的僧人卻將沙丁魚放進腐爛的梛（熊野的神木）葉中，再從切部王子的頭上淋下去。切部王子氣得

大罵「明明我是受權現之命，才一直跟著你，為什麼你要這麼對我」，便打斷僧人的鼻子，還殺了僧人。得知此事的熊野權現氣得砍掉切部王子的右腳，還將祂放逐於山林之中。被放逐的切部王子就此開始奪取參詣者的幸福。由於阿古町（稻荷大明神的女狐使者）與切部王子頗有交情，所以熊野權現便向阿古町請教解決此事的方法。切部王子與阿古町聊過之後便答應「往後只要有人將大豆粉抹在臉上，我就把他們當成是你的信眾，不會奪取他們的幸福」，所以熊野參詣者自此便在臉上塗抹大豆粉。

目前不知道這個故事是自何時開始，但只要仔細觀察現存的熊野曼荼羅圖，就會發現在中世前期的熊野曼荼羅圖之中，就已經繪有失去右腳的切目金剛童子（山本陽子「切目王子信仰與其變遷」）。由此可知，中世前期就已經有這個故事了。

在臉上抹大豆粉之所以在熊野信仰中佔有如此重要的意義，在於當時的人們相信大豆是具有靈力之物。之所以用大豆趕鬼，或許是因為大豆有一種獨特的臭味，並且在撒大豆的時候會發出聲響吧。例如在進行調伏物氣的修法時，會將帶有臭味的木頭丟進火中燃燒，發出擊打物氣的巨大聲響（小山聰子《物氣的日本史》）。也就是說，要調伏物氣，需要臭氣與巨大的聲響，這與節分的撒豆可說是有異曲同功之妙。當時的人們認為，鬼會因為大豆的特殊臭味以及發出的巨大聲響而逃之夭夭。

能劇之鬼

那麼到了中世後期，人們有多麼怕鬼呢？集能劇之大成的世阿彌所寫的能樂書《風姿花傳》（應永七—九年（西元一四〇〇—一四〇二年）完成）中提到，能劇之中的鬼分成怨靈、憑物鬼（附體的邪靈），以及地獄之鬼，前者能演得很有趣，但是後者的話，只有恐怖的一面，絲毫沒有任何有趣之處，若不是通曉奧義，絕對無法模仿地維妙維肖。正因為鬼有很多種，所以需要將怨靈與地獄之鬼演出差異，也必須將能劇之鬼演得有趣。

此外，在世阿彌傳給女婿金春太夫氏信（後來的金春禪竹）的《拾玉得花》提到，由於「不可能真的看過鬼」，而且畫裡的鬼又有不同形相，所以要將鬼演好，就得將本來很殘暴的鬼故意演得柔和一點，而且還要讓觀眾知道你在演鬼。簡單來說，世阿彌不認為鬼真實存在。

對街談巷聞的質疑

不過到了中世後期，日本的政治與社會都陷入不安，許多光怪陸離之事便廣為流傳，也被記錄下來。當時的人們認為這些怪異奇事是神佛降災的前兆，也相當害怕，而在這些怪異之事的紀錄之中，也有一些與鬼有關的內容，接著就讓我們一起了解吧。

首先是伏見宮貞成親王的日記《看聞日記》，應永二十六年（西元一四一九年）十一月十七日提到北叡山東麓的坂本有鬼出沒，相關的傳聞如下。

> 坂本每晚有鬼出沒殺人。凡遇見該鬼者，立刻死亡。這種街頭傳聞不可採信。

這類傳聞可說是多不勝數，人們也常常因為這類傳聞而不知所措。由於坂本有鬼出沒的傳聞實在流傳過廣，才會傳入貞成親王的耳中。或許貞成親王已經聽過太多此類傳聞，所以才不太相信這種有鬼出沒的怪譚。不過，就算貞成親王不相信這些根本沒發生過的事，但也無法就此忽視不理，所以只好寫在日記中。

興福寺大乘院門跡門主經覺害怕的鬼出沒

奈良的興福寺大乘院門跡的門主經覺也留下了在越中國（現在的富山縣）遇見鬼的紀錄。於《經覺私要抄》文安六年（西元一四四九年）七月二日記錄的傳聞如下。

> 由於每晚農作物都遭到破壞，村民便在夜裡埋伏，打算逮捕犯人。結果，破壞農田的傢伙果然出現。於是村民便衝上去對其中一名犯人又打又殺，另一名犯人則是被村民壓制。仔細一看，犯人居然是鬼，一名是赤鬼，一名是青鬼，村民殺死了青鬼，並將赤鬼綁了起來。

這件事的完整經過由當時的室町幕府管領兼越中國守護的畠山持國上報，而且還是由持國與經覺親自上呈，所以這件事雖然是發生在偏遠地方，卻還是留下紀錄。經覺在記錄越中之鬼後，又繼續記錄了四月之後京都地震不斷的事情，還寫下「這件事到底代表什麼意義呢？」的感想。看來經覺對於鬼的出沒與地震這一連串發生的不祥之事十分不安，擔心這些不祥之事是災難即將到來的前兆。

經覺應該對鬼的出沒很感興趣。《經覺私要抄》七月五日也提到，風評不錯的興福寺眾徒古市胤仙告訴他，於越中出沒的「鬼人」擁有六尺（約一公尺八十公分）的長爪，身高約有二十丈（約六十公尺）。也有修行者告訴他，鬼的屍體隨著河水漂流，越中國的人便紛紛前往，切下屍體的一部分。經覺也在《經覺私要抄》提到，的確有鬼出沒，但傳聞的內容卻各自不同，想必當時的資訊非常混亂吧，但從這點也可以知道，當時的人們非常在意鬼的出沒。

經覺似乎接收到相當可靠的情報，才會相信真的有鬼出沒。但是，為什麼會出現有人切下鬼的部分屍身這種傳聞呢？儘管不知其動機為何，但說不定當時的人們認為鬼的屍身具有一些特殊的功效。

經覺似乎將鬼的出沒視為怪異之事，比方說，《經覺私要抄》七月六日提到古市城的東側在半夜發出東西崩壞的巨響，但是因為資訊太過錯亂，所以不知道正確的地點在哪裡。而七日的紀錄則提到在多武峰的東邊，有一隻坐高四尺（約一百二十公分）、寬約七尺（約二百一十公分）大的蟾蜍出沒，許多人都跑去多武峰的東邊觀看，也提到春日山發出地鳴之聲。當時的人們認為，這種地面跟著搖晃的地鳴之聲便是災難的前兆。

在聽到有鬼出沒這類傳聞之後，經覺繼續收集與怪異之事有關的情報，也一五一十地記錄下來。在十五世紀的時候，常有人收集這類情報，簡單來說，就是為了在發生怪異之事的時候保護自己，人們會透過各種人際關係收集資訊，再分析這些怪異之事的起因（高谷知佳《怪異》的政治社會學）。在分析收集到的情報之後，便會念誦大般若經，藉此避凶。

被當成怪異之事記錄的目擊鬼的怪譚

擔任權大外記[5]的中原康富的日記《康富記》寶德二年（西元一四五〇年）八月九日就根據傳聞記錄了許多不可思議的怪事，例如寫到東方有流星飛過；有兩張臉、四隻手的嬰兒；沒有臉的嬰兒；有兩顆頭，一個身體的嬰兒等怪奇現象，也記錄了胸部以上是人形，但腹部以下卻是馬腳的嬰兒，還有長得很像鬼的嬰兒出生，或是同時產下男嬰兒與馬的人。另外七月十六日的部分還記錄了有人親眼目睹一發光物體在越中國的牛嶽地區出沒，在雲霧之中忽隱忽現之後，便往越後國的方向飛去。其所飛經之地，草木、山河、房子都會瞬間枯萎或是消失。中原康富將這件事定義為不可思議的怪事。之所以會將這些事情寫在一起，正是因為康富將這些事情視為怪異之事，也懷疑這些怪異之事有可能是凶兆。就常理推論，當時的人們應該將越中國有鬼出沒這件事與前一年有鬼出沒的事情聯想在一起。看來是可怕的鬼目擊怪譚又衍生出新的目擊怪譚。

5　編按：大外記是日本古代一種官職，負責草擬詔書的文書工作。

一同參詣的信眾

成為關白與太政大臣的近衛政家也在他的日記《後法興院記》明應七年（西元一四九八年）五月十五日提到目擊鬼的內容。

> 近日，有鬼出沒，告知奪走兒童，將兒童吞吃入腹。七歲以下的男童與女童若是不分貴賤，以假裝巡禮的方式，前往清水寺的講堂參拜，就能逃過一劫。於是，七歲以下的男童與女童便爭相前往參拜。這是最近的怪異之事，很難以筆墨形容。

應仁、文明之亂是為期十一年的大亂，而在這場大亂結束後，京都的寺院與神社紛紛傳出各種怪異之事。因社會動盪而不安的人們一聽到怪異的傳聞，便會紛紛前往靈驗的寺院或神社聚集。當時的人們似乎是透過參拜化解心中的不安。

由此可知，目擊鬼的怪譚常與各種怪異之事扯在一起。在亂世出生的人們為了

抓住最後一根救命的稻草，會拚命地收集資訊，並前往靈驗的寺院或神社參拜，以求消災解難。一如《看聞日記》應永二十六年（西元一四一九）十一月一七日的紀錄，當時的人們雖然否定街聞巷傳的謠言，卻常常認為鬼出沒以及其他的怪異之事是確有其事。當社會愈是籠罩著不安的氛圍，人們就愈容易相信「鬼實際存在」。

在中世後期的紀錄之中，除了提到鬼，也常常提到天狗、怪物、妖怪，尤其天狗的紀錄更是引人注目。當時天狗只於人類幻想之中存在的說法尚未成為主流，當時大部分的人都認為疾病或是怪異的事件都是天狗的惡作劇。

到了中世後期之後，「鬼並不存在」的概念雖然開始普及，但是當時的社會也常籠罩在不安的情緒之中，而且這股情緒越來越濃，所以越來越多人認為一切都是鬼在背後作祟。這種說法的確很適合用來說明社會的混亂，以及社會之所以混亂的原因，並為眾人所接受。

2 女性與鬼

到了中世後期之後，歌舞劇的能劇臻於完美。在能劇之中，不時有女鬼登場。

到底能劇的女鬼都具有哪些樣貌呢？讓我們先從《葵上》（葵の上）這齣能劇看起。雖然《葵上》是以《源氏物語》的人物「葵之上」為藍圖，卻出現了許多《源氏物語》沒有提到的角色，所以是經過不少改編的作品。這齣能劇的仕手（主角）是光源氏的戀人，也是心中充滿妒火的六條御息所。這部能劇的概要如下。

光源氏的正妻葵之上在懷孕時，飽受物氣折磨。於是請來知名的高僧助念，卻沒有半點效果，因此請來巫女照日，以梓弓召喚出了讓葵姬生病的鬼魂，沒想到被梓弓召喚來的卻是六條御息所的怨靈。而六條御息所的怨靈在現身之後便說，「她想要一解心中的怨恨」，也明白表露了自己對於能待在光源氏身邊的葵之上有多麼嫉妒，還大喊「我好恨啊，我無論如何都要打這個女的才能消氣」，接著便將葵之上打得倒地不起。為了治療葵姬，光源氏便請來比叡山的行者幫忙祈禱。正當行者一邊數著念珠，一邊祈禱時，怨靈立刻化身惡鬼現身說，「好可怕的御佛之聲」。六條御息所的怨靈（惡鬼）最終被行者的祈禱之聲降服，也因此成佛。

《葵上》這齣能劇讓心中滿是嫉妒之火的六條御息所的怨靈化身為鬼。第二章提到的宇治橋姬對能劇也有深遠的影響，在謠曲（能樂的腳本）《鐵輪》之中，也是因為嫉妒化身厲鬼的女人。

在謠曲的作品中，也有住在杳無人煙之地的鬼女登場。如《黑塚》的仕手，就是住在陸奧國安達原（應該是現代的福島縣安達太良山東側一帶）的女性，也是鬼女。「黑塚」的概要如下。

在紀伊國熊野深山修行的阿闍梨祐慶一行人，打算在安達原借宿時，屋中的女主人一邊感嘆肉體的虛無，一邊用捲線的道具捲線。這位女主人提到，由於天氣寒冷，打算上山砍些木柴，同時也吩附阿闍梨祐慶他們，不可在她不在的時候偷看其閨房（寢室）。與祐慶同行的人不顧女主人的吩附，還是偷看了閨房的情況，沒想到房中居然堆滿了人類的屍體。祐慶在知道這事之後，便想起安達原的黑塚是惡鬼盤踞之地，隨即動身逃至屋外，女鬼也於此時現身，一邊責罵祐慶他們破壞約定，一邊揮舞著鐵棍追上來，打算吞食他們。於是祐慶一行人便向五大明王（降三世明王、軍荼利明王、大威德明王、金剛夜叉明王、不動明王）祈禱，才總算降伏了鬼女，鬼女也隨著夜嵐之聲消失無蹤。

除了善妬的鬼女之外，像安達原女鬼這種遠離人煙的女鬼也常常在謠曲之中出現。此外，「紅葉狩」是平維茂降伏住在信濃國（現代的長野縣）戶隱山的鬼女（鬼神）的故事。

謠曲中常有女性的鬼登場。除了謠曲之外，其實在許多傳奇故事中，女性也會以鬼的模樣出現。

不過也有例外。比方說，在《太平記》之中，敗給足利尊氏大軍的楠木正成就誓言自己要化身為鬼報仇。在楠木正成的時代，人們認為死前要念佛十次才能往生極樂，所以準備自殺的武士通常會先念佛十次再自殺，但是楠木正成卻基於一旦往生極樂就無法向敵人報仇的這個理由，刻意在自殺之前不念佛，結果便化身為美女，來到逼死自己的大盛彥七盛長面前，蠱惑大盛彥七盛長，再化身為厲鬼，把大盛彥七盛長嚇個半死。之後又駕著黑雲，成為「千頭王鬼」，讓盛長嚇得驚慌失

措。楠木正成之所以化身為美女，想必是因為女性與鬼的連結較強吧。雖然也有像楠木正成這樣，為了報仇而化身為鬼的故事，但是女性化身為鬼的例子還是遠比男性來得多。

女性的地位

為什麼滿腹妬火的女性都會化身為鬼呢？又為什麼住在深山，遠離人世的鬼，通常是女鬼呢？在思考這些問題時，想請大家先了解女性的地位。

縱有例外，但在中世前期，離婚權通常握在丈夫手裡，夫妻的地位並不對等（田端泰子《日本中世的女性》）。儘管女性的社會地位會隨著身分而改變，但在進入中世後期之後，女性的社會地位便出現了下降的趨勢（野村育代《性別的中世社會史》）。日本的婚姻制度是從十五世紀開始採用正式的嫁入婚（女性進入男性家庭）形式，女性也無法自行處分財產。

在佛教方面，女性也是受歧視的對象。其實佛教本來就帶有歧視女性的性質。比如，《法華經》提到女性生來就有五種障礙，所以無法成佛。這種歧視女性的觀念雖然在佛教傳入日本之後，未被日本接受，但是進入西元九世紀後半之後，便隨著家父長制（以父系為主的家庭制度。由家長管理家族的制度）普及而深植人心。

進入中世之後，女性除了缺乏修行佛道的能力，還被強調為淫亂、嫉妬、愚痴的罪惡集合體，到了中世後期之後，這種風氣也變得更加露骨（平雅行「中世佛教與女性」）。

不過，所有人類都是由女性生產的，所以對母性的讚揚也是不假修飾的（脇田晴子「中世的性別職責與女性觀」）。就連供養的願文（向神佛發願時，記載發願內容的文章），希望神佛同時照顧父親與母親靈魂的例子也不勝枚舉。不過，即使對母性如此尊崇，在中世後期的社會之中，仍只有成年男性能成為共同決策的一員，或是擁有官方的保障，男女的權利仍有明顯落差（田端泰子《日本中世的女性》）。儘管身分的高低還是有所差異，但基本上，在以成年男性為主的中世社會之中，女性絕對是弱勢族群。

弱勢的鬼

在以男性為主的社會裡，女性常常是受盡屈辱的。除了女性之外，社會的弱者也常會被比喻為鬼，比如畸形兒就是其中一例。一如第二章所述，畸形兒通常會被丟在大馬路邊或是河邊，而且通常無人聞問，所以棄養與殺害無異。這些畸形兒除了外表與健全的人類不同，更是社會的最底層族群，也因為被棄養而滿腹怨恨。甚至還被認為具有特殊能力，所以才被稱為「鬼子」，這也突顯了人們心中的恐懼。此外，楠木正成這種戰敗的武士也會被歸類為弱者，所以才會在死後化成厲鬼再來復仇。

像這樣帶著重大怨恨離世的人，社會大眾通常會認為他們會變成怨鬼回來報仇雪恨。女性之所以常以鬼的形象出現，也是因為當時的人們認為，無法在現實的社會回報仇恨的女性是絕對的弱者，所以只能化身為鬼，向那些欺負自己的人反擊。

3　降伏鬼的物語

被視為大路渡對象的鬼子

中世後期出現了許多關於鬼的故事，而且這些傳奇故事還會特別提及鬼子的特殊能力。之所以會出現這些變化，應該是因為當時的人們對於鬼子的看法有所改變。直到中世前期之前，鬼子通常是被棄養的，而且鬼子的誕生也被視為怪異之事，為人所恐懼。到了中世後期之後，雖然還有類似的情況，卻也成為令人好奇的對象。

比方說，讓我們看看一名畸形兒被丟在京都土御門萬里小路的這個事件吧。據說那名應該是剛出生的畸形兒看起來就像三歲的小孩一樣巨大。此外，脖子上面和類似脖子的部位，看起來就像是軟趴趴的袋子。一整天都有人來圍觀，也有人切下他脖子的肉，位居公卿的三條公忠也在日記《後愚昧記》應安二年（西元一三六九）三月八日記載了這條小道消息。

此外，身為公卿的三條西實隆也於日記《實隆公記》明應七年（西元一四九八）六月四日記錄了一名鬼子在京都被執行大路渡的這件事。所謂的大路渡是指斬下罪人的首級後，將首級掛在薙刀（長刀）刀尖，在大路漫步的行為，也是將活著的罪人拽上大街遊行的行為。儘管鬼子不是罪人，卻成為眾人好奇與觀察的對象，還被執行了大路渡。不知道是不是聽到了大路渡的傳聞，室町幕府第十一代將軍足利義澄特地將鬼子叫來大宅，打算親眼見一見鬼子（《御湯殿的上日記》）。當時有些人想要一睹鬼子的模樣，有些人卻忌諱鬼子身上的穢氣而走避（《實隆公記》《御湯殿的上日記》）。在中世後期，鬼子的誕生的確是令人恐懼的怪異之事，社會大眾對於鬼子身上的汙穢之氣也避之唯恐不及，卻也出現了想要一睹鬼子模樣，以此為樂的風潮。由此可知，到了中世後期之後，人們對於鬼子的看法已漸漸產生變化了。

鬼子的特殊能力

在人們對鬼子的看法開始產生變化時，許多故事都強調了鬼子的特殊能力。比方說，《義經記》三就提到了源義經的忠臣武藏坊弁慶的誕生，內容的概要如下。

弁慶是熊野別當與大納言的姬君生下的小孩。姬君懷孕了十八個月，才生下弁慶，而且弁慶一出生，就與二、三歲的小孩差不多大，頭髮長得蓋住肩膀，臼齒與門牙特別大，口內也長滿了牙齒。得知此事的別當直說：「這孩子肯定是鬼神，將來一定會成為阻礙佛法之人。要不把他丟到水裡淹死他，就帶到山裡釘死他」。不過叔母卻說，「如果只是因為在母親的腹中待太久，就說會剋死父母，那麼武內宿禰大臣可是待在母親腹中八十年，出生時已滿頭白髮，如今他可是八幡大菩薩的使者。請你把這個孩子交給我，我會帶他到京城，如果教得好的話，就為他舉辦元服禮，如果教得不好，就讓他當法師；哪怕只是讀一卷經書，也能迴向給父母。說完，便帶去京城。

後來弁慶被命名為鬼若，五歲的時候，體格已與十二、十三歲的兒童差不多。他罹患疱瘡之後，皮膚變得更加暗沉，垂肩的頭髮也沒有再長長。由於頭髮太長，不太適合舉行元服，所以叔母便讓他去比叡山修行。在比叡山學到不少知

識的同時，也因為力氣強大，做了不少暴亂的壞事。

從比叡山下山後，弁慶遇見了牛若丸（後來的源義經），於是成為牛若丸旗下的勇士。《義經記》提到，弁慶出生之後，其父熊野別當認為弁慶是鬼神，恐將成為佛法之敵，打算殺了弁慶，而叔母卻相信這孩子可能具有特殊能力，而領養了弁慶。換言之，為了佐證弁慶具有超乎常人的能力，才會如此仔細地交待弁慶誕生的過程，以及身為鬼子的模樣。在《義經記》之中，身為鬼子的弁慶不是被降伏的對象，而是源義經的忠臣。像弁慶這樣身為鬼子，發揮特殊能力的故事也如雨後春筍般出現。

將門的出生怪譚

死後成為怨靈，為百姓所恐懼的平將門也有關於其出生的傳說。平將門[6]是桓武平氏高望王的孫子，為了統治關東全域而自稱「新皇」，之後卻被藤原秀鄉與平貞盛討伐，於下總國（現代的千葉縣北部與茨城縣部分地區）的猿島戰死。

平將門被討伐之後，首級被掛在京都的城門上。久而久之，便出現與首級有關的傳說。比如《太平記》十六節「日本朝敵之事」就提到，平將門的首級被掛在城門上示眾，過了三個月仍未腐爛變色，且雙目也沒闔上，並且總是牙關緊閉。一到晚上它便大喊「我的身體在哪裡，快來這裡，跟我的頭連結，我要再戰一次！」從這個詭異的故事不難發現，平將門的靈魂是充滿強烈怨念的怨靈，也為當時的人們所恐懼。

6　編按：平將門（Taira no Masakado）生於平安時代（西元九〇三年），因反叛被朱雀天皇討伐。據說其首級後來憤而自京都飛到東京，最終力竭掉落於大手町一代，於是人們在該地建立了平將門首塚將其安葬，德川家康將他奉為關東第一武士，修建了七座排列如北斗七星的神社來祭祀之。但因現代幾位想要遷移首塚的財政部長、相關工程人員接連死亡，因此被稱日本第一怨靈，再也無人提議將其搬遷。

國王神社

負能量如此強烈的平將門就連出生也異於常人。如西元十六世紀寫成的《法華經直談抄》一末就提到，岩的孝子八十一歲出生，平將門三十三個月出生。從平將門出生的故事與把他和被譽為道教始祖的老子相提並論，就可以知道平將門並非常人。這種非比尋常的誕生過程往往是天賦異秉的象徵。平將門雖然被視為怨靈，後來卻被當成神明來祭祀，在他被討伐之地有座「國王神社」（茨城縣坂東市），東京也有座神田明神（千代田區），這兩處都是將平將門當成神明祀奉的地方。

童子模樣的鬼

足以代表中世的降伏鬼的故事之一，就是酒吞童子的傳說。一般認為，酒吞童子的傳說是於南北朝時期形成。一說認為，酒吞童子是在都城肆虐的疫神（高橋昌明《酒吞童子的誕生》），另一說則認為酒吞童子是被丟棄的鬼子（佐竹昭廣《酒吞童子異聞》）。目前最古老的相關作品為逸翁美術館收藏的《大江山繪詞》，其概要如下（《大江山繪詞》將酒吞童子標記為「酒天童子」，但為求方便，全部標記為「酒吞童子」）。

> 在一條天皇的時代（在位於九八六—一〇一一年），都城內發生了許多貴族小男孩與小女孩失蹤的事件。陰陽師安倍晴明占卜之後，得知是住在丹波國大江山的鬼王，也就是酒吞童子在作怪，於是攝津守源賴光與丹後守藤原保昌便受天皇之命，前往降伏酒吞童子。賴光與保昌向石清水八幡、日吉、熊野、住吉的神明祈求戰勝後，便帶著隨從前往大江山。之後於山中遇見了老翁、山伏、

老僧、與年輕的僧人帶路，沿著丹波路抵達了大江山。老翁說自己名叫住吉，山伏則說自己是熊野那智，老僧自稱八幡，年輕僧人則稱自己為日吉山王。賴光一行人走進山中後，在溪流的河畔遇見一位老婆婆，這位老婆婆正在清洗帶有血漬的衣服。老婆婆描述了酒吞童子在館內的樣子，例如酒吞童子會變身為童子，而且很愛喝酒，常在宴席的時候，享用從京城擄來的小孩。

抵達酒吞童子的住處之後，賴光一行人被帶進屋內，也看到了酒吞童子。酒吞童子的身高一丈有餘（約三公尺），大大的眼睛閃爍著光輝，從外表來看極有智慧的樣子，身著美麗的小袖（即古代和服）搭配白袴，還穿著水乾（狩衣的一種）。接受酒吞童子款待的賴光假裝喝了從酒吞童子手中接過來的酒，也不斷地跟酒吞童子勸酒。當宴會的氣氛完全炒熱之後，服侍酒吞童子的鬼便跳起田樂（豐年祭之舞）與玩起扮裝遊行。之後，喝得爛醉的酒吞童子便回到房間內睡覺。

賴光一行人在老僧與年輕僧侶的幫助之下，進入了酒吞童子的房間。酒吞童子在白天雖是童子的模樣，但是到了晚上之後就會露出真面目，原來他的身高有五丈多，頭與身體都是紅色的，左腳是黑色的，右手是黃色的，右腳是白色的，左手是藍色的，而且眼睛共有十五隻，角有五根。眼見酒吞童子已經熟睡，賴光便斬下酒吞童子的首級，沒想到首級竟然飛向空中，還痛得大叫，接著又準備飛下咬住賴光的頭盔，不過在此之前，賴光已經先命令隨行的渡邊綱與坂田公時，將其頭盔覆蓋在自己的頭盔之上，所以平安無事。幫助賴光的老翁、山伏、老僧、年輕僧人在臨別之際，與賴光交換了記念品。原來這四人分別是住吉、八幡、日吉、熊野的靈神。回到都城的賴光一行人便帶著酒吞童子的首級遊行。

在酒吞童子的隨從之中，有眼角下垂，看起來很虛弱的鬼、般若、烏天狗、鼻子長的天狗，頭很大，披頭散髮的男人，這些隨從的模樣也被畫得栩栩如生。《大江山繪詞》可說是研究中世後期，人們對於鬼的想像的重要畫作。兼具滑稽這點也不容錯過。一如前述，中世後期出現了許多目擊鬼的傳聞，一旦有小孩被鬼吞吃的傳聞傳開，民眾就會爭相前往寺院參拜。另一方面，從都城的貴族的日記也可以得

知，這些與鬼有關的傳聞不一定都會被當成事實。儘管中世後期的人們對於鬼的看法，與現代人對於鬼的看法不同，但相較於古代或中世前期，中世後期對於鬼的看法還是與現代較為接近。

鬼與童子

酒吞童子白天是童子，晚上變回鬼的這點也很有趣。在《大江山繪詞》之中，白天的酒吞童子的確是相貌清秀的稚兒，至於其原本的樣貌則是醜陋又詭異的惡鬼。

其實鬼也常常化身為童子的模樣。比方說，第二章提到的《今昔物語集》十六——三二的牛童其實是疫鬼（的隨從），而在《保元物語》之中，源為朝在鬼島壓制的鬼的子孫也是「大童」。此外，八瀨童子也被譽為「鬼童」的子孫，至於畸形兒也被稱為「鬼子」。

日本的社會從十世紀開始，出現了童子形的大人。所謂「童子形」指的是還長得像童子，也就是長得像小孩的模樣。比方說，童子形的大人就包含牛童或是堂童子。牛童是牽著牛車，在牛的旁邊牧牛，或是讓牛往前走的工作，堂童子則是於寺院點燈或是準備供品的雜役，還負責管理聖堂的鑰匙。或許現代人很難想像，但是在古代到中世這段期間，的確有長著鬍子，樣貌衰老的童子。

童子形的大人以髮型為特徵。一般來說，男性會在十五歲到十六歲這段期間舉行元服禮，女性則會在十二歲到十三歲之間舉行著裳之儀，成為社會認同的男人與女人。成年男性會帶上烏帽子，成年女性與小孩則不會戴烏帽子，只會將頭髮往後梳再綁起來。然而童子形的大人就算是到了必須戴上烏帽子的年齡，也會被迫將頭髮梳到後面，保持小孩的模樣。這些童子形的大人通常被定位為雜役，無法被社會視為可獨當一面的大人，這個童子形的標籤也會一直貼在他們身上（黑田日出男《「繪卷」小孩的登場》）。

不過，童子形的大人雖然不會被認同為可獨當一面的大人，卻被視為是一種神聖的存在。比方說，當時的人們認為牛童具有駕馭凶猛巨牛的靈力（網野善彥〈童形、鹿杖、門前〉）。此外，堂童子則可以進入高僧也不得進入的寺內空間，替佛陀準備供品或是點燈，所以雖然是雜役，卻也是神聖的存在。童子形的大人必須具備靈力，也會被交辦小孩無法完成的工作（小山聰子《護法童子信仰的研究》）。

此外，白日的酒吞童子其實是莫名巨大的童子。鬼通常擁有人類沒有的神奇力量，或許鬼的這種特質與童子的特質有著異曲同工之妙吧，而且兩者都是社會邊緣人，鬼才會常常化身為童子，而童子形的大人又常常被當成鬼。由此可知，鬼與童子之間有著剪不斷，理還亂的關係。

到了中世後期之後，社會大眾依舊怕鬼，卻也開始懷疑鬼的存在，許多故事也都提到了鬼。其實死靈的部分也有相同的情況。在古代或中世前期，人們非常害怕怨念強烈的靈，認為這些靈會散播疾病與死亡，但是到了中世後期之後，這類帶有怨念的靈被稱為「幽靈」，也成為能劇的角色之一，觀眾反而會因為幽靈那股陰森的氣息而覺得有趣（小山聰子《物氣的日本史》）。正因為現實的生活沒有幽靈，所以人們才會漸漸地覺得可怕的幽靈很有趣，而在這個過程之中，不屬於現實世界的鬼也被趕進故事之中，只能在故事的情節之內「大展身手」了。

第四章　在現實與想像的狹縫之間——近世、近代

1　妖怪化的鬼

因為嫉妬而成為鬼的未亡人

放眼日本的歷史，近世[7]算是相對和平的時代，所以人們為了追求刺激而畫幽靈畫、鑑賞幽靈畫，也會為了消遣舉辦怪談會（鬼故事大會）。在這股風潮之中，妖怪與怪物的故事得到許多人青睞。話說回來，近世的人們對於鬼有什麼想像呢？

在研究近世的鬼之前，讓我們先看看淨土宗僧人的傳阿所寫的勸化本（推廣佛教的書籍）《女人愛執恠異錄》（元文五年「一七四〇年」刊行。寬政四年（西元

7　編按：日本史的「近世」指的是約十六到十九世紀後期的織豐政權（織田信長與豐臣秀吉）和德川政權的江戶時代。

一七九二年），解題本《靈魂得脫物語》刊行）。接下來故事從三十歲左右的未亡人讓年輕的戀人與自己的女兒結婚開始。這位未亡人因為嫉妒自己的女兒而變成角的鬼，後來為了得到救贖而出家。接著讓我們一起了解這個故事的細節。

> 古老的傳記中提到，元久二年（西元一二〇五年）之際，鎌倉住著一位三十幾歲的寡婦。她有一名女兒，也有許多家僕，過著豐衣足食的生活。久而久之，便與其中一位長相俊美的年輕家僕相戀。某日，這位未亡人心想，「明明自己有一位正值青春年華的女兒，卻還與年輕男人相戀，真是不知羞恥。那個男人家世不錯，頭腦又聰明，對這個家的事情也知之甚詳，我想讓他成為女兒的夫婿，繼承家宅，我則隱居，潛心修德」。於是讓自己的男人與女兒結婚。
>
> 結婚之後，夫婦倆也常來看望母親，不過，在一個多月後的某天早晨，他們與母親聊了一些事情之後，發現母親雖然會回話，卻不打算脫掉和服罩衫。這對夫婦很是擔心，便不斷地問母親怎麼了，結果母親回道，「這樣聊天就好。讓你們成為夫妻，繼承這個家之後，我過了一段心情平和的日子，但最近不管白

在和服之中變成鬼的女性探出頭來
（出處：《靈魂得脫物語》）

天或晚上，都覺得很寂寞，總是忍不住回想起過去的生活，想忘也忘不掉，爾後就越來越痛苦，越來越嫉妒。在我早上梳髮時，突然摸到髮際內長了東西，對著鏡子一照，沒想到竟長了兩根像山藥般的角。接著再仔細一看，我的指尖居然變成了蛇頭。我實在不敢讓你們看，但也不能再隱瞞下去了」。當母親將罩衫一脫，就露出額頭長了兩隻角，嘴巴裂到耳朵旁的可怕模樣，完全就像是能劇《道成寺》裡面的般若面具，十隻手指也真的變成蛇，還一直「嘶——嘶——」地吐出蛇信。夫婦倆見狀既驚恐又難過，半句話也說不出來，於是便決定出家。母親也跟著出家，三人遂以這座宅院為寺院，不分日夜地念佛，母親頭上的角就隨之漸漸消失，指尖也恢復原狀，三個人非常開心，之後便繼續不分日夜地念佛。三人臨終之際，天降祥瑞，壽終正寢。

所有女人在內心湧現愛慾之際，必須注意指尖是否變成蛇頭，也要在內心醋海翻騰時，不時摸摸自己的額頭，看看有沒有長角。至今發生的事都已過去，再悔恨也無濟於事，今後應告誡自己，萬事謹言慎行。早晚都要慈悲為懷，種善根，努力習佛，讓慈悲的佛赦免過去的罪，以便在離開這個世界的時候得以轉生淨土。

前面提過，《女人愛執恠異錄》是一部推廣佛教教義的經典，所以這個故事的結論就是，即使內心湧現愛慾與嫉妒，只要出家念佛就得以往生淨土。額頭長角，嘴巴裂到耳邊是鬼的特徵。在插畫之中，從衣服中探出頭的母親，完全就是呈現為

惡鬼的模樣。

女人的十惡

《女人愛執佐異錄》在這個寡婦的故事之後，提到了「道宣律師之淨心戒勸云女人之十惡」。道宣（西元五九六－六六七年）是中國唐朝的代表性高僧，也是南山律宗的開宗始祖。「淨心戒勸」就是道宣的《淨心誡勸》（「女人十惡如實厭離解脫法」），《女人愛執佐異錄》與近世的書籍也常常提到《淨心誡勸》（西田耕三校訂《佛教說話集成 二》）。《女人愛執佐異錄》根據《淨心誡勸》以及相關的注釋書，列出了女人十惡，分別是「貪淫無厭」、「嫉心如火」、「詐親含笑」、「放逸無慚」、「口多惡業」、「厭背夫主」、「心多諂曲」、「貪財忘恩」、「慾火燒心」、「不淨常流」（編按：指身軀九孔排汙不斷），強調女性是晝夜不忘淫慾，善妬，因貪念忘記恩情，渾身邪穢的存在，也提到女性會因為這十惡在死後墜入三惡道（地獄道、餓鬼道、畜生道）受苦，就算是皇后這種地位崇高的女性，也比在路邊「乞食」的男子更加低賤。不過，就算愛慾之火在心中燒得再如何旺盛，

只要心中暗念「憑彌陀救度」（たすけたまへ），口中念佛，阿彌陀佛就會在臨終時，接引你前往極樂世界，所以要憑著信心努力念佛。

由此可知，《女人愛執恠異錄》強調了女性的低劣，也因為如此低劣，所以該信仰阿彌陀佛。進入近世之後，各階層的女性雖然擁有不同的生活，但是在比中世更為高壓的家父長制之下，女性往往是被壓抑的，所以列出女人十惡來讓女性信仰阿彌陀佛可說是有效的手段。大部分的現代人肯定覺得女人十惡簡直是極度輕蔑女性的說法，也一定覺得這種說法居然是作為布教工具非常奇怪，不過近世就是如此強調女性的惡劣，也流傳著許多化身為鬼的女性的故事。

化身為鬼的僧人

儘管較常擔綱「鬼」這個角色的是女性，不過，其中也有特例，那就是在近世最有代表性的怪異短編集《雨月物語》的「青頭巾」之中出現的鬼。「青頭巾」的主角是一名僧侶，對寵愛有加的少年極盡痴迷，最後甚至變成了鬼。故事的情節如下。

在下野國（現代的櫪木縣）有位學識淵博，潛心修行，聲名在外的僧人。但他後來卻深愛上了一位十二、三歲的美少年。當這位少年死去時，這名僧人便精神錯亂，不肯讓少年的屍體火化或土葬，而是一如少年還在世一般一邊撫摸著屍體，一邊吃掉屍體的肉，舐食屍體的骨頭，最終，整副屍骨都被他吃進肚裡。住在寺院中的人都嚇得大喊「住持變成鬼了」，也紛紛落荒而逃。之後，這位住持每晚都跑到山下的村莊攻擊人，或是刨開新墓，啃食屍體。當時快庵禪師正在周遊各國，於是村民便告訴快庵禪師「以前只在故事之中聽過鬼，沒想到鬼真的在眼前出現了」。由於禪師已經聽過許多化為鬼或蛇，肆虐人間的故事，所以禪師聽完村民的煩惱後，便說「這些不都是只在女性身上發生的事情嗎？我從來沒聽過男性變成鬼的例子，或許是因為他對女子有著扭曲的本性，所以才會化身為如此可悲的鬼」。

之後，在禪師的引導之下，化身為鬼的住持得以順利成佛。在此值得注意的是「以前只在故事之中聽過鬼」這句話。換句話說，當時的人們已經知道，鬼非現世之物，只於故事之中存在。近世的隨筆集講述了許多在日常生活發生的恐怖事件，而且這些事件的情節也能同時套用在鬼與人的身上（參見今井秀和〈疫病的「附身之物」與被附身之人〉。今井秀和〈鬼女的行蹤〉）。當社會大眾越來越知道鬼並非現實之物，日常生活之中的恐怖事件反而會被放大，社會大眾也開始尋求進一步的刺激。

順帶一提，於十七世紀後期編成的辭典《廣益二行節用集》或《鼇頭節用集》中，將鬼分為「生類」（禽獸蟲魚）與「人倫」這兩類，這代表當時的人們認為鬼是介於生類與人類之間的存在（木場貴俊〈十七世紀前後的日本「妖怪」觀〉）。

此外，「青頭巾」中的禪師提到，在此之前只聽過女性變成鬼，從來沒聽過男性變成鬼的例子，這點其實也頗令人玩味。由此可知，即使到了近世，故事之中的鬼通常還是女性。

鬼、物氣、妖怪

在《雨月物語》初版本（安永五年（一七七六年）刊行）之中，除了在「青頭

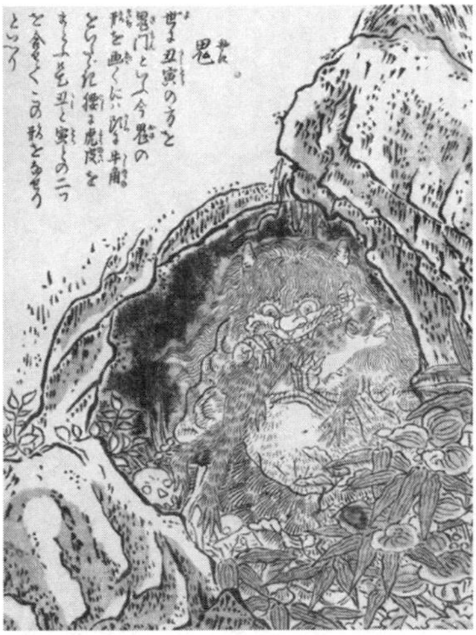

《今昔畫圖續百鬼》的鬼
（出處：高田衛監修《鳥山石燕畫圖百鬼夜行》）

《畫圖百鬼夜行》的滑瓢
（出處：高田衛監修《鳥山石燕畫圖百鬼夜行》）

巾」登場的鬼之外，死靈也被認為是「鬼」的一種，「鬼化」這個詞還會特地標上「mononoke」（物氣）這個假名注音（「吉備津之釜」），至於真面目是成精老蛇的美女則被稱為「妖怪」、「邪神」、「隱神」或是「鬼」（「邪性之淫」）。可見「鬼」這個字眼在當時的涵義比現代人所認知的更廣。順帶一提，到了近世之後，物氣、妖怪、怪物之間的界線已逐漸模糊（小山聰山《物氣的日本史》），鬼也被視為其同類。

從受到狩野派薰陶的鳥山石燕於安永五年所繪的《畫圖百鬼夜行》也能看出鬼與物氣、妖怪被視為同類的事實。鳥山石燕所繪的「百鬼」與古人害怕的鬼不同，除了「滑瓢」、「肉人」這些鬼之外，他還畫了許多長相滑稽的鬼。由於《畫圖百鬼夜行》博得好評，所以續篇作品也陸續發行，於安永八年刊行的《今昔畫圖續百鬼》再次畫「鬼」。這幅畫除了附上丑寅方位為「鬼門」的說明，也提到鬼的頭上長了牛角，腰部纏了虎皮。鬼之所以會是這副模樣，是因為代表丑這個方位的動物是牛，而寅這個方位的象徵則是虎。《今昔畫圖續百鬼》的「鬼」住在岩屋之中，眼睛大得跟牛鈴一樣，全身還毛茸茸的感覺，總是大口大口撕咬著獸肉。這應該是受到鬼就是住在深山裡的這個概念所影響吧。岩屋的四周還堆滿了骷髏頭。

一如第三章所述，十四世紀的《融通念佛緣起繪卷》描繪了多種樣貌滑稽的疫神（疫鬼）。到了近世之後，人們開始認為在街市販賣甜酒的甘酒婆或是嗜酒之人才是瘟疫的源頭，至於疫神則逐漸演變成怪物或是妖怪。這應該也與鬼、物氣、妖怪被歸為同類有關吧。

作為見世物的鬼娘

到了近世之後，出現了展示鬼娘這種見世物的流行。所謂的「見世物」是指收費來展示珍奇物品或才藝的表演。安永六年（西元一七七七年），於名古屋大須觀音舉辦的開帳表演就是鬼娘展示。名古屋浮世繪師高力猿猴庵的日記《猿猴庵日記》提到，該名鬼娘是住在伯耆國（現代的鳥取縣的東伯、西伯、日野這三郡）大山山麓一名獵師的九歲女兒，這個小女兒的五官很像狗，皮色偏藍，嘴角又細又尖，嘴巴也很大，耳朵沒有開孔，只有細長的耳垂，額頭還長了小角，頭髮則是如赤熊般衝上天際的紅髮。

此外，在安永七年（西元一七七八年）六月一日到閏月七月十七日這段期間，於江戶兩國橋東岸的本所回向院舉辦了信濃國善光寺阿彌陀如來的出開帳（寺院的本尊前往其他寺院，在固定期間之內受人膜拜的活動），其中表演之一就是鬼娘展示。當時的鬼娘是一位頭長袋角（瘤），樣貌如鬼的畸形女性。

由於沒有半項才藝的鬼娘也能博得人氣，所以甚至有人為了假扮鬼娘，故意將鞣皮貼在臉上，將小牛的牛角裝在頭上，這也引起了話題。此外，許多刊物也因為鬼娘實在太受歡迎而問世。比方說，黃表紙《兩國的評判娘　鬼的趣向草》（安永七年刊行）與滑稽本《鬼娘傳》（安永七年刊行）、洒落本《女鬼產》（安永九年刊行）都是其中之一（Adam Kabat《江戶化物的研究》）。這些刊物都栩栩如生地描述了鬼娘那有趣的模樣。比方說，《兩國的評判娘　鬼的趣向草》就有下列的描述。

> 平維茂藉助善光寺本尊阿彌陀佛的力量，降伏了住在信州戶隱山的鬼娘，將鬼娘送進了地獄。鬼娘到了地獄一看，發現善光寺開帳（展示不常展示的宗教物品），導致地獄的罪人大減，閻羅王閒得有時間拔鼻毛，汆煮罪人的大灶灶口還布滿了蜘蛛網。因此閻魔王命令對陽世知之甚詳的鬼娘前往江戶，擾亂善光寺的佛。不過，當鬼娘抵達江戶，準備嚇人時，卻因為佛力阻擋而嚇不著人，也沒辦法吃到人。於是鬼娘就拿起大木棍，破壞了善光寺展示的三尊阿彌陀，沒想到這三尊阿彌陀並不是正品，而是以魚乾製成的冒牌貨。原來這些冒牌貨

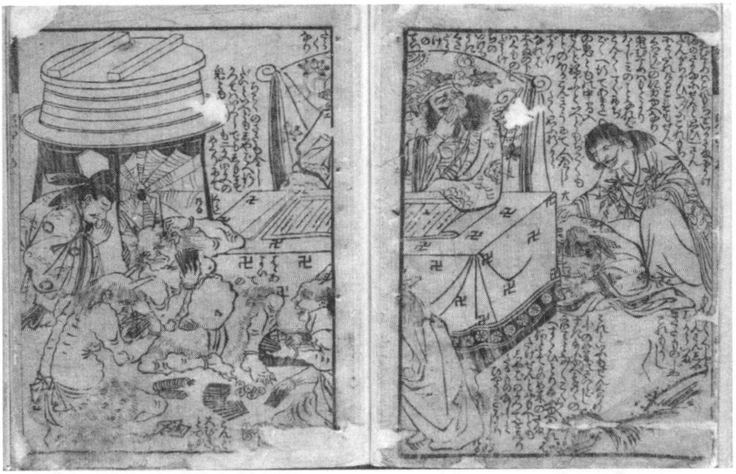

《鬼的趣向草》閻魔王與鬼娘
（出處：國立國會圖書館數位珍藏）

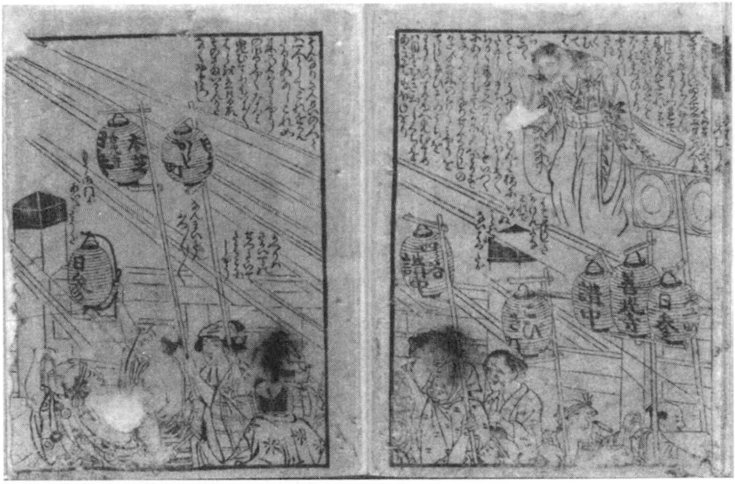

《鬼的趣向草》想要嚇人的鬼娘
（出處：國立國會圖書館數位珍藏）

是依照正品的靈寶製作的展示品。氣到不行的鬼娘便挑戰真正的佛，卻還是不敵佛力。最終，鬼娘便誠心悔改，跪在佛的面前膜拜。之後，鬼娘被當成見世物展示，在觀眾面前雙手拿著頭套，也因此博得好評。

在鬼娘被當成見世物的場面裡，提到了「雖然鬼娘的嘴巴裂到耳朵，但父母幫她把嘴巴縫小，只剩下縫補的痕跡。牙齒是參差不齊的亂齒之外，還長了稱為袋角的角」這段鬼娘的展示說明。鬼娘會在觀眾面前擺出用力張開雙眼，與張大嘴巴的模樣。也有觀眾提到鬼娘的「喉嚨深處好可怕」，至於像是能一口吞食人類的大嘴與銳利的牙齒，也不難明白是鬼的特徵。《兩國的評判娘　鬼的趣向草》之中的鬼娘除了是妖怪，更是饒富怪趣又充滿魅力的角色。

在十二世紀末製作的《病草紙》也能看到將畸形病患當成見世物的情況。《病草紙》畫了一群人圍在一名持鼓的白皮症（白化症）女性身邊，嘲笑這位女性的畫面。此外，一如第三章所述，到了十五世紀之後，也出現了將鬼子當成展示品的情況。或許我們可以根據這些實例，將鬼娘定位為見世物。

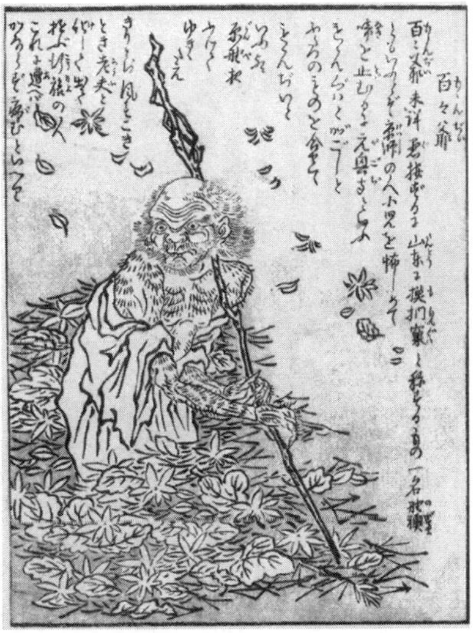

《今昔圖畫續百鬼》之中的百百爺
（出處：高田衛監修《鳥山石燕　畫圖百鬼夜行》）

與《兩國的評判娘　鬼的趣向草》同年刊行的《鬼娘傳》提到，鬼娘誕生時，聽起來像是「momonguwaa、momonguwaa」的哭聲十分宏亮。「momonguwaa」是用來嚇小孩的詞彙，也是讓人聯想到百百爺的詞彙。百百爺是被稱為「momonga」的怪物，根據《今昔畫圖續百鬼》的說法，百百爺會在深夜時分，於空無一人的原野化身為「老夫」，而且一定會讓撞見它的旅行者生病。鬼被視為怪物、妖怪的一種，例如《夭怪著到牒》（天明八年（西元一七八八年）刊行）就在「夭怪」加上「bakemono」這個假名注音，而且還畫了豆腐小僧、海坊主、河太郎（河童）以及手拿狼牙棒，準備吞吃嬰兒的「赤鬼」。換言之，在當時人們的心中，「赤鬼」既是怪物也是妖怪。鬼娘在誕生之際大喊的怪物

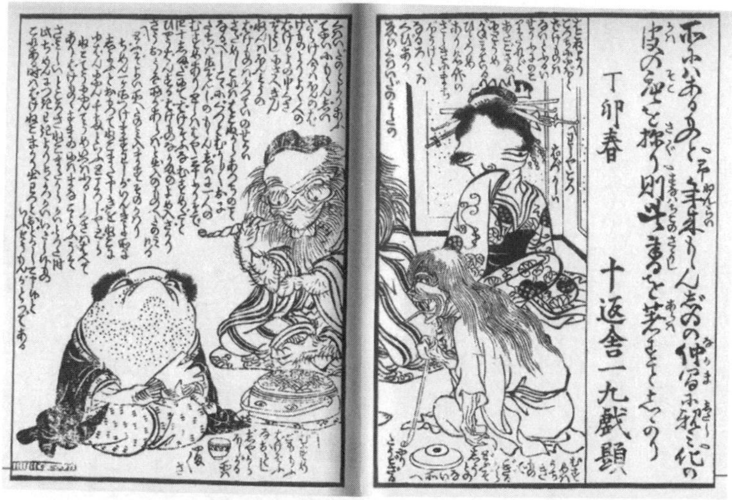

《化物的娵入》的百百爺的女兒相親
（出處：Adam Kabat《江戶化物草紙》）

「momonga」也曾在十返舍一九（西元一七六五—一八三一年）所著的《化物的娵入》（文化四年（西元一八〇七年）刊行）中登場。

其中提到，百百爺將青春年華的女兒嫁給一目入道的兒子之後，他的女兒便生了一個只有一隻大眼睛的嬰兒，旁邊還搭配了滑稽的插畫。

此外，十返舍一九的《妖怪一年草》（文化五年（西元一八〇八年））也描繪了怪物在新年前來拜訪老大見越入道的畫面。照理說，來拜年的賓客會說「monomou」（物申的簡稱，有「打擾了」的意思），但是怪物卻在家家戶戶的門口說「momonguwaa，這真是變成怪物也不錯的春天啊」，其中的「momonguwaa」就是代表怪物的「momonga」的意思。

《妖怪一年草》又提到，明明一般人會在節分的晚上大喊「福進來，鬼出去」，但是怪物卻是在此時反向大喊「鬼進來，鬼進來，金時在外、金時在外」，然後撒出炒熟的豆子。所謂的「金時」指的是以降伏怪物聞名的英雄坂田金時（公時）。對怪物來說，鬼才是自己人，而屢屢懲治它們的坂田金時才是可怕的怪物。順帶一提，《妖怪一年草》與《夭怪著到牒》一樣，都替「妖怪」一詞標上「bakemono」的假名注音，將怪物與妖怪分成同一類。簡單來說，《妖怪一年草》認為鬼、鬼娘是怪物與妖怪的同類。

以欣賞怪物為樂

到了近世之後，出現了讓怪物表演（化物振舞），藉此取悅觀眾的小故事。比方說，仙台藩醫工藤周庵的女兒只野真葛的回憶錄《昔話》（文化九年（西元一八一二年））中提到，常留居江戶的出雲國（現代的島根縣東半部）松江六代藩主松平出羽守宗衍（西元一七二九－一七八二）曾讓相撲力士釋迦嶽雲右衛門假扮見越入道，並讓女伶瀨川菊之丞假扮雪女或詭異的女幽靈，藉此取悅與款待賓客（近藤瑞木「化物振舞」）。看來當時出現了欣賞怪物為樂的風潮。或許作為見世物的鬼娘也因為這股風潮而吸引了不少觀眾。看來，鬼與鬼子已不再是令人畏懼或忌諱的對象，而是用來娛樂的題材了。

2 大眾新聞的娛樂

用鬼的身體大賺一筆

進入近代之後，文明開化的風潮興起，迷信、妖怪、怪物都被明治政府與知識分子否定。當日本首都從京都遷至東京後，陰陽師便不得再參與宮中的正月行事（新年的各種活動），負責管轄日本全國陰陽師的土御門家也被禁止聘用陰陽師，陰陽師便就此從歷史舞臺消失。此外，明治政府也禁止梓巫女（靈媒）、狐下（驅

趕附身在人身上的狐狸靈體）、憑祈禱（類似請神的儀式）這些會蠱惑人心的事物。學術世界享有「妖怪博士」這個美名的井上円了（西元一八五八－一九一九年）曾闡明迷信與奇特的現象，讓人們不再為此感到惶惶不安。

儘管迷信、妖怪不斷地遭到否定，但在社會大眾之間，仍然是極受歡迎的娛樂話題，所以鬼骨、木乃伊這類奇妙的東西仍然常常登上大眾新聞的版面，有時候各地還會舉辦展示鬼的部分身軀的活動。比如，明治二十三年（西元一八九〇年）五月二十八日的《東京朝日新聞》就提到，某位住在牛込神樂町二丁目的「守田某」從宮崎縣臼杵郡的安田忠七手中，以金二五〇日圓收購了鬼頭與鬼腕後，每天在東京舉辦展示會，吸引來自各地的觀眾，藉此發售門票賺錢。

此外，明治二十七年（西元一八九四年）六月十三日的《新朝野新聞》也有「發現鬼的骸骨」的報導。其中提到，廣島縣的表具師（編按：製作屏風、掛軸、匾額與推拉門等和式物件的匠人）道上小太郎（三十八歲）想要利用鬼的骸骨大賺一筆，便在廣島的三原與山口的岩國使用化名，舉辦展示會，也因此大發利市。不過，當他去到熊本，準備如法炮製，再大撈一筆時，卻被機靈的警察當成詐欺師給逮捕了。當警察得知他的真名為道上小太郎之後，便知道所謂鬼的骸骨其實是利用各種動物接合而成的骨頭，至於鬼角則是牛角。道上小太郎為了讓人信以為真，甚至還製作了古文書。他在這本古文書上塗抹石灰的汁液與蜂蜜，再與蟲子一起放進箱子中，讓古文書被蟲蛀蝕，藉此讓古文書更有歷史感。

也有想利用展示鬼的方式來大賺一筆的僧人登上新聞版面。明治三十四年（一九〇一年）九月十二日的《時事新報》提到，東京府荏原郡玉川村大字奥澤的九品佛淨真寺替鬼頭與鬼手舉辦了法會，並且向附近居民收取欣賞鬼頭與鬼手的入場費。根據這則新聞的報導，品川署在得知此事之後，便為了調查真相而請來住持詢問，沒想到居然是代理人來到警署，還提到鬼頭與鬼手是於明治維新之際，在日向國（現代的宮崎縣）御門村的鬼塚的出土物，目前為住在麻布區赤坂町的皮鞋製造業者宮本清太郎所有。但品川署認為，這世上怎麼可能有這麼詭異的東西，便告誡寺方，此舉過於草率，要寺方停辦這項活動。雖然不知道這則新聞的真偽，但是對淨真寺來說，這是一項不太光彩的報導，然而大眾卻非常喜歡這類報導。

被泡在酒精之中的鬼

儘管社會大眾都不相信鬼的存在，卻仍然對疑是鬼的部分身體感到興趣。比如，明治三十八年（一九〇五年）十二月二日的《都新聞》就報導了「上村中將」（應該是海軍中將上村彥之丞吧）珍藏了酒漬鬼肉的新聞。由於該篇報導還放了這隻鬼的插畫，並說明上村中將進行遠洋航海時，曾經抵達澳洲，結果發現鬼居然躲在海岸的草叢裡面，於是便殺了鬼，將它裝在酒中帶回日本。這隻生物從頭到尾約有八寸（約二十四公分）這麼長，頭上長著兩隻角，全身覆蓋著甲殼與尖刺，模樣與鬼如出一轍，下肢之間還纏著類似兜襠布的一片「肉皮」。上村中將回國後，只要有客人來訪，就一定會拿出來給客人欣賞，因沒有人知道這到底是什麼生物，所以才會傳出「一定是鬼」的說法。《都新

上村中將珍藏的鬼　（《都新聞》明治 38 年 12 月 2 日）
（出處：湯本豪一　《明治時怪異妖怪記事資料集成》）

聞》的記者便去請教東京高等師範學校教授暨動物學者丘淺治郎，泡在酒精裡面的生物到底是什麼，丘淺治郎說這隻被謠傳為鬼的生物，其實是於澳洲南部與西部棲息的爬蟲類，蜥蜴目的生物「Moroch-horridns」（正確是 Moroch-horridus，澳洲魔蜥）。若真的是鬼，那麼這種將罕見生物泡在酒裡的事情一定很有趣，也會成為話題，還會登上報紙版面。

聲名大噪的鬼女面具

大正四年（西元一九一五年）十月四日的《京城日報》提到，在東京上野公園舉辦的家庭博覽會（由國民新聞社主辦）上，有具鬼女的面具得到好評。所謂的家庭博覽會是在歐美的萬國博覽會的影響之下，聚焦於家庭生活的博覽會。家庭博覽會除了包含舉家歡樂的娛樂元素，也展出了許多讓女性消費者有興趣的商品，以及與家庭教育有關的商品。在當時，鬼女的面具應該是被當成取悅家庭主婦的展示品。《京城日報》還介紹了與這個面具有關的傳說，內容如下。

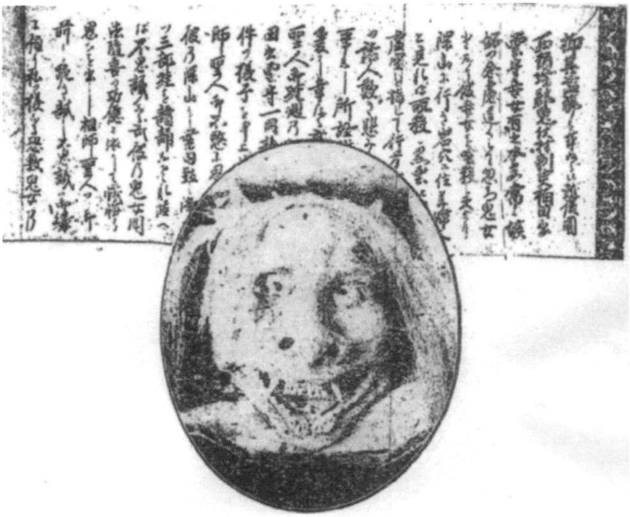

聲名大噪的鬼女面具（《京城日報》）
（出處：湯本豪一《大正期怪異妖怪記事資料集成》）

越後國西頸城郡鬼伏村的楠田出雲守非常寵愛小妾，於是心中燃燒妒火的正室便突然化身為鬼女，將小妾吃進肚裡，然後躲進深山的岩穴之中。只要一看到婦人經過便會殺了對方，再乘著黑雲飛上天空，不知去向，讓村民無不悲嘆。不過，村民請來有聖人美譽的親鸞來巡視，聖人念誦淨土三部經之後，再怎麼厲害的鬼女也只能往生極樂了。

話說回來，被譽為淨土真宗開宗始祖的親鸞認為，一般人無法

親鸞讓「女鬼」成佛的明信片

憑藉己力修行悟道（或往生極樂），也強烈否定人能靠著自己的力量往生極樂。親鸞主張在從阿彌陀佛得到信念（他力的信心）的那個瞬間就能往生極樂。不過到近世之後，親鸞靠著「法力」讓「女鬼」或「亡魂」往生極樂的故事卻廣為流傳（《高田親鸞聖人正統傳》）。一般認為，在越後國鬼伏村讓「鬼女」往生極樂的傳說也是源自讓「女鬼」往生極樂的傳說之一。即使到了近代，親鸞讓「女鬼」成佛的故事依舊膾炙人口，甚至還做成明信片。或許於博覽會展示的鬼女面具就是在這股風潮的推波助瀾之下，才蔚為話題吧。

由此可知，大眾新聞也常報導與鬼有關的話題。鬼骨、木乃伊常被當成展示品，成為大眾娛樂的題材，與鬼有關的話題也從不間斷。盡管相信鬼存在的人少之又少，但是與鬼有關的這些新聞的確為日常生活帶來刺激以及莫大的樂趣。

溫柔的鬼

不過，鬼可不只是創造刺激的引子或素材。除了可怕的鬼之外，也有位於天秤另一端的溫柔的鬼。比方說，童話作家濱田廣介所著的《哭泣的赤鬼》（從《聰明的小學二年級生》昭和八年（西元一九三三年）八月號開始連載，名為〈鬼的請求〉，）一推出就掀起話題。在這個童話中，赤鬼一直想跟人類成為好朋友，卻不知道該怎麼做，所以他的朋友青鬼便故意去村裡鬧市，然後讓赤鬼假扮英雄對付自己，赤鬼也因此與人類成為好朋友。儘管赤鬼與人類結為好友，但是青鬼卻留了一封信給赤鬼，裡面寫道，「我要暫時跟你說再見了。我要離開這座山，如果我們還在一起玩，人類會覺得很不安，所以我決定去旅行」，赤鬼在讀完這封信之後淚流不止。這真是個心酸的故事啊。

《哭泣的赤鬼》如今仍是一本相當具代表性的童話故事書，小學的教科書也採用了這個故事。明明是可怕的鬼，卻擁有如此美麗的友情與溫柔的個性，所以這個故事才受到眾人歡迎。看來除了可怕的鬼之外，當時的人們也需要像人一樣溫柔的鬼啊。

3 侵略、歧視、迫害

戰爭的正當化

到了近代之後，鬼便與戰爭產生關聯性。比方說，亞洲太平洋戰爭爆發後，日本陣營常將美軍、英軍形容為鬼。所謂的亞洲太平洋戰爭是在第二次世界大戰之中，日本與美國、英國、中國這些同盟國在亞洲開打的戰爭。昭和十六年（西元一九四一年）十二月八日，日本陸軍部隊突襲並登陸英屬馬來半島，日本海軍部隊則偷襲夏威夷的珍珠港，日本也因此陷入與美國、英國兩面作戰的局面。儘管日軍在開戰時，以勢如破竹之勢，在太平洋、東南亞這兩個地區展開攻勢，日本海軍卻在

昭和十七年（西元一九四二年）六月，於中途島海戰大敗，也因此陷入劣勢。之後，日本本土遭受美軍攻擊，許多平民遭受波及，戰況也越來越惡劣，所以日本軍方便進一步強調美軍與英軍，或是美國人與英國人有多麼殘暴。

例如，由日本政府刊印的宣傳畫報《寫真週報》（由內閣情報部（後來的情報局）編撰）就經常以照片或漫畫強調美國人與英國人的殘暴和非人道的行為。於戰時刊印的《寫真週報》以十錢如此便宜的價格發行了二十萬部到四十萬部之多，而且也鼓勵讀者傳閱，所以推判讀者人數最多可達三百萬人之譜（清水唯一朗〈國策 Graph《寫真週報》的沿革與概要〉）。由於這份刊物也有提升日軍士氣的目的，所以背面還寫著「讀完之後，請將本雜誌送到前線慰問士兵吧」。

被鐵槌槌扁的鬼
（出處：《寫真週報》245 號）

《寫真週報》常將美軍與英軍形容成「鬼畜」，尤其在昭和十七年後半之後，更是常常形容成「鬼」（玉井清〈《寫真週報》的英美觀與其變遷〉）。例如《寫真週報》二四五號（昭和十七年（西元一九四二年）十一月四日）就有鬼被大鐵槌搥得大吐舌頭的漫畫（石川進介繪製），旁邊還附上「處死空襲我國本土的美軍惡鬼」的說明。

阿福擊退鬼

除了大人之外，日本政府也希望所有小孩相信美軍與英軍非常殘暴。例如，《寫真週報》二六二號（昭和十八年（西元一九四三年）三月十日）就以跨頁的方式，刊載了供兒童著色的填色畫。右頁描繪了戴著學生帽，穿著木屐的阿福用力踢飛鬼的畫面（橫山隆一繪製），填色畫的左下角還寫了下列這段話。

這隻鬼是赤鬼。將英國的旗子當成腹卷（纏腰），將美國的旗子當成兜襠布。請仔細思考，再用蠟筆填色吧。

簡言之，就是宛如英雄的阿福能擊退攻擊日本的赤鬼（敵兵）。赤鬼還故意畫得很稚拙，引人發笑。在阿福的左下角還畫了一個手裡拿著豎旗的東南亞小朋友，豎旗上面寫著「ウチテシヤマム（uchitesiyamamu）」。看來這個東南亞小孩是阿福的部下吧。這句話的意思是「打敗敵人，結束戰爭吧」，是常用來鼓舞國民鬥志的口號。

阿福擊退鬼的填色畫
（出處：《寫真週報》262 號）

阿福最初是於昭和十一年（西元一九三六年）一月二十五日開始，在《東京朝日新聞》連載的漫畫「江戶之子阿健」之中以配角的身分登場。非常活潑可愛的阿福很快地受到歡迎，所以從同年十月開始，以阿福為主角的「養子阿福」便開始連載。戰爭爆發後，廣受日本國民喜愛的阿福便成為政治宣傳工具，動漫《阿福的奇襲》、《阿福的增產部隊》、《阿福的潛水艇》也應運而生，連作者橫山隆一都擔任製作人，負責腳本的製作。

《寫真週報》的阿福著色畫左頁出現了扮相為日本兵的少年斬殺敵兵，後面還站了一位手拿日本國旗的少女（石川進介繪製），旁邊也附上下列的說明。

> 這個敵兵是長得像人的青鬼。將美國的旗子與英國的旗子纏在手上。先請爸爸跟媽媽教你，再用蠟筆填色。

這個著色畫的用意在於希望小朋友先問爸媽，美國人與英國人有多麼殘暴，再開始著色。將敵兵直接畫成士兵的樣子是為了讓小朋友知道，敵兵的真面目是鬼。

「鬼畜美英」的布達

《寫真週報》二四九號（昭和十八年十月二十日）的漫畫專欄推出了「鬼畜美

英」的特輯，其中還以「鬼畜的悄悄話」為題，畫出英國首相溫斯頓．邱吉爾在美國總統富蘭克林．羅斯福耳邊說「管他什麼承諾還是條約，打從一開始就打算毀約，只要我們拿到好處就可以了」的畫面。畫中的羅斯福並撕破了寫著「約束」的文件。看起來就像是惡鬼的兩人面前，還串著一支烤到不斷滴肉汁的肉塊，而這塊看起來很好吃的肉塊是以被破壞的小飛機或戰車當燃料在燒烤。

鬼畜的悄悄話
（出處：《寫真週報》294 號）

這項讓所有日本國民知道殘暴的美國與英國與鬼無異的國策不斷地推行。例如，昭和十一年，大日本產業報國會推出了《鬼畜美英罪惡集》。大日本產業報國會是為了在戰時強化勞動力與生產力而成立的全國勞動團體，在昭和十七年的時候進入大政翼贊會的傘下。《鬼畜米英罪惡集》的序文如下。

> 鬼畜美英才是全世界人類的公敵。（中略）本會刊印產報指導者訓話資料之際，將推出「鬼畜美英罪惡集」第一輯。為了讓這本小冊子能於戰場上掀起打擊美英的同仇敵愾之心，請將這本小冊子用於朝會訓話或是激勵人心時的演講之中。

《鬼畜米英罪惡集》也透過實例不斷強調「米鬼」「英魔」有多麼卑劣與殘暴。

桃太郎是正義的一方還是侵略者？

桃太郎打敗惡鬼的這個童話故事也常被當成合理化戰爭的口號使用（大塚英志〈戰時無所不在的情報空間〉），尤其會將桃太郎比擬為日本，將惡鬼比擬為敵國。例如，日俄戰爭之際的繪本《日露ぽんち（ponchi）　桃太郎的露西鬼征伐》（石原萬岳編撰、富山房、西元一九〇五年）就提到，桃太郎以前討伐的是南島的鬼，但其實西北方還有會生吃他國人民，盜取寶物的「露西鬼」，而這些「惡鬼」也是需要征討的對象。

另一方面，芥川龍之介的〈桃太郎〉（大正十三年（西元一九二四年））則是描述窮凶極惡的桃太郎硬要狗、猴子、雉雞跟著他前往鬼島討伐惡鬼的故事。鬼島是一個椰子樹茂盛，極樂鳥整天唱歌的「天然樂土」，白髮蒼蒼、沒有牙齒的老年女鬼一邊保護孫子，一邊跟孫子描述人類是多麼可怕的生物。其中的內容如下。

你們要是惡作劇的話，我就把你們送到人類的島上。被送過去的鬼一定會像以前的酒吞童子一樣被殺。嗯？人類是什麼東西？人類就是沒有長角，臉與手腳都白白的，渾身散發著詭異氣息的壞蛋啊。尤其人類女性來的時候，都會在白白的臉與手腳塗滿鉛粉。如果只是這樣也就罷了，只要是人類，不管是男是女都很愛說謊，而且很貪心，很會嫉妒，又很自戀，還會自相殘殺，縱火、偷東西，實在是無法無天的野獸啊……

桃太郎殘殺了無辜的鬼，還將鬼子當成人質，拉著載滿寶物的車子凱旋而回。等到鬼子長大成人後，便咬死雉雞，迅速逃回鬼島。於鬼島倖存的鬼不時會渡海，火燒桃太郎的家，或是屢屢趁著夜裡偷襲桃太郎。防不勝防的桃太郎不禁為了自己的不幸而感嘆。這與眾所周知的童話桃太郎截然不同。

芥川龍之介將桃太郎視為殘殺無辜的鬼的侵略者，藉此撻伐日本政府的殖民政策，以及單方面施行侵略的暴行。此外，鬼在南國的設定也很有趣。想必芥川龍之介在寫這個故事的時候，心裡想的是日本委任統治的南洋群島吧，這點或許就如第二章所述，與早期的人們認為鬼住在南島也有關係。

桃太前在鬼島戰勝，與鬼談判的畫面
（出處：《桃太郎　海之神兵》）

作為政治宣傳工具的桃太郎

亞洲太平洋戰爭爆發之後，昭和十八年（西元一九四三年），應日本海軍省的要求，製作了漫畫電影《桃太郎之海鷲》（瀨尾光世導演、藝術映畫社出品），以便讓日本國民知道日本成功攻擊珍珠港一事。這是一部將偷襲珍珠港形容成擊退鬼島之鬼的政治宣傳電影。這部電影的票房非常好，達到了六十五萬日圓之譜（渡邊泰「《桃太郎的之鷲》的回憶」），成為文部省推薦的首部漫畫電影。

在《桃太郎之海鷲》這部漫畫電影之中，身為殖民地解放者的桃太郎指著鬼島

（夏威夷的歐胡島）的地圖對狗部隊、猴子部隊、雉雞部隊下達「攻擊的目標是鬼島艦隊的主力，連帶要殲滅赤鬼的空軍。我們月月火水木金金（星期一、二、三、四、五的意思）的嚴格訓練就是為了這個時刻。隊長會隨時等著你們回來。一鼓作氣擊潰鬼島吧」的命令。一接近歐胡島的珍珠灣，猴子、狗便各吃一串黍米糰子，鼓舞士氣之後，便勇敢地衝鋒陷陣，最終擊沉了鬼島的艦隊，拿下勝利。順帶一提，鬼島的水兵是一副西洋人的模樣，頭上還長了一支角。此外，「月月火水木金金」是海軍的術語，指的是不眠不休地工作。

在戰爭接近結束的昭和十九年（西元一九四四年）十二月，在日本海軍省的支援之下，日本首部長篇動畫電影《桃太郎　海之神兵》（瀨尾光世導演、松竹出品）完成。這部動畫電影完成時，日本的海軍已於雷伊泰海灣海戰被殲滅，除了特攻之外已無計可施。這部宣傳國策的電影於隔年四月公開，企圖將戰爭形容成侵略者的解放，藉此合理化戰爭。與《桃太郎之海鷲》同樣的是，征討的地方一樣是鬼島，征討的對象一樣是鬼，而且這些鬼也都是西洋人的模樣，頭上也長了一支角。

《桃太郎之海鷲》與《桃太郎　海之神兵》之中的鬼都不是日本人熟知的赤鬼

與青鬼，而是長了角的西洋人，這當然是為了讓觀眾一眼看懂電影之中的鬼就是本書之前提到的《寫真週報》二六二號填色畫之中的敵兵，在描繪美軍與英軍這些敵兵時，通常會採用這種手法（John W. Dower 著、齋藤元一譯《人種偏見》）。想必是為了保留敵兵的個性，突顯敵兵的邪惡吧。

用於正當化攻擊與排擠的鬼的標籤

話說回來，日本人自古就習慣將外國人看成可怕的鬼。一如第一章所述，《日本書紀》將住在北方的肅慎人當成鬼，又如第二章所述，關白藤原兼實的日記《玉葉》將漂流到伊豆之島的南方人當成鬼，國司還將此事上秉朝廷。這些都代表對未知事物的恐懼和歧視，而這種概念一直傳承到近代，尤其日本是四面環海的島國，所以這種歧視外國人的概念更是被進一步放大。

除此之外，日本也有將畸形兒稱為鬼子的歷史。其實直到近代，畸形兒都還被當成鬼子。比方說，明治三十六年（西元一九〇三年）四月十六日的《奧羽新聞》就提到廣島縣有一名懷胎十一個月才誕生的嬰兒，這個嬰兒的頭上長了兩隻角，嘴巴還裂到耳朵旁邊，與「畫中的鬼子可說是如出一轍，也令人害怕」。若從現代的角度來看，這絕對是無庸置疑的歧視報導。換言之，即使到了明治時代，人們還是習慣歧視帶有障礙的嬰兒，也往往會棄養這類嬰兒（齋藤 tama《生與物氣》）。

濱田廣介的《哭泣的赤鬼》與芥川龍之介的「桃太郎」都提到了善良的鬼，當時的人們也都接受了這種新鮮感，但還是將外國人與畸形兒看成可怕的鬼，也不斷地歧視他們。為了合理化對他們的攻擊與排擠，並強調己身行為的正當性，將這些人看成鬼是最好的選擇。

活在現代的我們一聽到鬼，不時就會連想到童話故事中的赤鬼與青鬼。不過，若是仔細觀察史料之中的鬼，就會發現許多不符合既定印象的鬼。我們千萬不能忘記的是，在日本的歷史之中，鬼常是用來合理化侵略、歧視、迫害的藉口。近代的鬼常被當成攻擊或排擠他人的藉口，而這也是觀察歷史演進的線索之一。

結語

本書根據史料考察了古代到近代的鬼。日本古代的鬼著實擁有多種樣貌，有的是死靈，有的會散播瘟疫，有的則可被差使。此外，因為密教傳入日本，鬼的樣貌也隨著印度人對於鬼的看法而改變。再者，早期的日本人也常將從海的另一邊漂來的人當成鬼，或是將外型奇異的嬰兒稱為鬼子，這些都是在研究古代的鬼的特徵時，非常重要的線索。

中世也繼承了上述這些鬼的特性。不過，進入中世後期之後，社會大眾開始知道鬼並非實際存在之物，自此，鬼只能活在故事的世界裡。進入近世之後，鬼常與物氣或妖怪混為一談，最後還被當成怪物之一。進入近代之後，人們仍然對鬼很有興趣，也常常談論鬼，大眾新聞也會出現許多與鬼有關的報導。然而當時的人還是將外國人與畸形兒看成鬼，將善妬的女性形容成鬼。近世與近代的日本人對於鬼可說是有著簡潔的共通看法。

那麼現代的鬼又如何呢？說到現代的鬼，大部分的人都會想到在桃太郎或金太郎這類童話故事之中登場的鬼，卻更習慣將鬼當成妖怪。比方說，妖怪手錶這款遊戲也有赤鬼、青鬼與黑鬼這類角色。雖然它們都是很厲害的要角，卻都長成一副滑稽的模樣。

此外，在觀察現代的鬼時，絕對不能忽略在《週刊少年 JUMP》二〇一六年十一號到二〇二〇年二十四號連載的漫畫《鬼滅之刃》（吾峠呼世晴繪製）之中出現的鬼。《鬼滅之刃》這部作品完全顛覆了童話故事之中對鬼的印象，也在相關的動畫播出之後大受歡迎。主角竈門炭治郎以製炭維持家計。某日，全家被鬼虐殺，唯一倖存的妹妹禰豆子因為傷口滲入鬼血而變成鬼。炭治郎為了讓禰豆子變回人類，便加入狩獵鬼的集團鬼殺隊，也不斷地與鬼作戰。

《鬼滅之刃》中出現了許多與傳統鬼完全不同形象的鬼。就連變成鬼，不得不咬著竹筒，才能忍住不咬人的禰豆子，也與傳統的鬼完全不同，而是位不折不扣的美少女。禰豆子在變成鬼之後，擁有了人類沒有的怪力，常常會主動保護炭治郎與

其他的人類。除了禰豆子之外，《鬼滅之刃》還有其他幫助人類的鬼，也都會與炭治郎一起與惡鬼作戰。可想而知，這些擁有人類情感，站在人類這邊的鬼是多麼重要的存在。儘管《鬼滅之刃》的鬼與既定印象的鬼完全不同，卻順利地為現代人所接受，因此《鬼滅之刃》這部作品可說是顛覆了人們長久以來對於鬼的看法。

現代的鬼雖然繼承了傳統的元素，卻也擁有滑稽或溫柔這類不為人知的一面。此外，人們也將鬼視為妖怪的一種，強調它們的平易近人與滑稽之處。除了鬼之外，連妖怪也擁有了與人類相親的特質。在人際關係淡薄的現代社會之中，人們相當重視隱私，也渴望得到不受他人限制的自由，但是孤獨死也成為社會一大問題。在這樣的社會氛圍之下，擁有人類沒有的力量，又願意幫助人類的鬼與妖怪，可說是讓人安心的存在，它們也填補了現代人內心的空虛。或許這就是人們不相信鬼存在，卻又時常談論它們的原因吧。

生為現代人的我們又能從鬼的歷史學到什麼呢？儘管歷史之中的鬼五花八門，但我們不能忘記的是，鬼就像是一面反映歧視與偏見的鏡子。即使到了幫助人類的鬼能受到大眾歡迎的現代，「鬼婆婆」（臭老太婆）這種充滿歧視的用語仍未消失，但是卻不太會有人使用「鬼爺爺」（臭老太爺）這種說法。這就是女性被視為鬼的歷史延續到今日的證據。

即使現代如此進步，鬼也變得如此有趣，背後還是存在著歧視與偏見，而且有時這些歧視與偏見也會浮上檯面。在亞洲太平洋戰爭爆發之際，用來正當化戰爭的鬼的標籤，也有可能在日本再次發生緊急事態時捲土重來。所謂的緊急事態不一定是戰爭，也有可能是疫情蔓延或是天災，而當這些緊急事態發生時，鬼的標籤或許又會死灰復燃。正因為今日已將鬼視為妖怪，視為又怪又可愛的存在，所以人們更可能不知不覺地使用鬼的標籤合理化自己的行為，而且很可能毫無罪惡感。我們不能只是欣賞故事與遊戲之中那些可愛的鬼，也必須進一步了解歷史之中的鬼，同時不斷地警惕自己。

後記

基於史料考察日本之鬼的本書是第一本以通史格式寫成的新書。市面上已有許多與鬼有關的書籍，比方說馬場あき子的《鬼的研究》就是頗具代表性的著作之一。馬場あき子的《鬼的研究》是昭和四十六年（西元一九七一年）由三一書房刊印的書籍，之後又於昭和六十三年（西元一九八八年）由筑摩書房的ちくま（chikuma）文庫再次出版，內容也變得更為簡單易讀。想必許多想要了解鬼的讀者，應該都會先找到這本書吧。除了《鬼的研究》之外，田中貴子的《看得到百鬼夜行的都市》以及小松和彥的《鬼與日本人》都可說是廣為人知的名著。

從如此多的名著出版這議題，便可知日本人對鬼多麼有興趣。不過，許多與鬼有關的研究都是由文學或民俗學的研究者根據文學作品或是傳承所寫，所以只介紹了古代或是中世的鬼，不然就是只討論活在傳承之中的鬼，未能通篇討論從古至今的鬼以及相關的歷史。

不過，要想了解日本人的心性，就必須根據從古至今的紀錄、史書、新聞、文學作品與各種史料來考察鬼，我也是秉持著這樣的理念撰寫本書。

不過當我為了撰寫本書而搜集資料，便發現與鬼有關的史料實在過於龐雜，常常不知該從何處著手。要在看完各個時代的史料之後，以通史的格式寫出一本適合初學者閱讀的新書，實在不是一件容易的事，尤其我的專業是侷限在中世紀的歷史，所以收集中世紀之外的史料真的是煞費苦心。由於新書的版面有限，所以也有許多史料未能提及。

儘管如此，在寫完本書之後，我再次感受到根據史料以及透過通史的角度討論有多麼重要，因為在爬梳鬼的歷史之後，有許多事情也能說得更清楚。比方說，在讀完本書之後，想必大家已經知道，鬼的特性從古至今產生了許多變化，卻也有許多特性從未改變。當我們在觀察日本的現代社會與未來社會的模樣時，這些一定都是具有參考價值的內容。如果本書也能成為各位讀者在觀察這些事情時的線索之一，那作者將感到萬分榮幸。

尤其希望大家將注意力放在將弱勢族群當成鬼排擠，以及合理化這類排擠的歷史。因為這些事情與現代的社會問題息息相關。我們動不動就會封印那些不想回顧的黑歷史或是臭不可聞的過去，有時甚至連提都不敢提。不過，這麼一來，就不可能從歷史學到任何教訓，也不可能讓學到的教訓化為未來的成長。只有當人人都了解那些黑歷史，接受那些黑歷史時，才有機會一起打造更美好的社會。

基於上述的理念，本書在討論鬼的時候，便刻意提到許多鬼子的例子。這一切都要感謝九州大學教授高野信治教授（現在為九州大學名譽教授）邀請我參加研究會（科學研究補助金「與障礙的歷史性有關的學際綜合研究——從比較歷史的角度觀察日本」），讓我從中得到許多刺激。我在這個研究會的研究主題為「古代、中世的鬼子」，在進行調查之後，得到了許多的靈感。在此由衷感謝高野教授與研究會成員的其他教授。

其實ちくまプリマー（chikuma primer）新書總編橋本陽介先生早在兩年之前，便邀請我撰寫本書，然而我實在太過高估自己，以為「一年就能寫好」，對此我也多次反省與埋怨自己。若沒有橋本先生不離不棄的幫助，本書絕無付梓刊印的一天。在此想向不斷給予建議與鼓勵的橋本先生致上歉意與感謝。

二〇二三年一月十七日

小山聰子

主要参考文献

アダム・カバット『江戸化物草紙』小学館、一九九九年

アダム・カバット『大江戸化物細見』小学館、二〇〇〇年

アダム・カバット『江戸化物の研究―草双紙に描かれた創作化物の誕生と展開』岩波書店、二〇一七年

網野善彦「童形・鹿杖・門前―『絵引』を読んで」澁澤敬三・神奈川大学日本常民文化研究所編『新版絵巻物による日本常民生活絵引総索引』平凡社、一九八四年

網野善彦『異形の王権』平凡社、一九八六年

飯島吉晴「節分と節供の民俗」『天理大学考古学・民俗学研究室紀要』一五、二〇一一年

今井秀和「鬼女のゆくえ―鬼女説話の変容と仏教」『蓮花寺佛教研究所紀要』一三、二〇二〇年

今井秀和「疫病の「憑き物」化とその使役者―江戸後期の「アメリカ狐」と「疱瘡神」」『蓮花寺佛教研究所紀要』一四、二〇二一年

上野勝之『夢とモノノケの精神史―平安貴族の信仰世界』京都大学学術出版会、二〇一三年
応地利明『絵地図の世界像』岩波新書、一九九六年
大塚英志「戦時下のユビキタス的情報空間―『桃太郎海の神兵』を題材に」（佐野明子・堀ひかり『戦争と日本アニメ―『桃太郎海の神兵』とは何だったのか』青弓社、二〇二二年）
織田武雄『古地図の博物誌』古今書院、一九九八年
香川雅信『江戸の妖怪革命』角川ソフィア文庫、二〇一三年
木場貴俊「一七世紀前後における日本の「妖怪」観―妖怪・化物・化生の物」『日文研国際シンポジウム論集』四五、二〇一五年
木下資一「鬼の帯と蓮華王院の宝蔵」『神戸大学大学院日本文化論年報』八、二〇〇五年
クウィーラ・ダーヴィト・ドミニク「江戸後期における〈障害児〉・〈奇形児〉の捨て子や子殺しに対する認識」『障害史研究』二、二〇二一年
黒田日出男『〔絵巻〕子どもの登場―中世社会の子ども像』河出書房新社、一九八九年
黒田日出男『龍の棲む日本』岩波新書、二〇〇三年
小杉一雄『中国美術史―日本美術の源流』南雲堂、一九八六年
小松和彦『鬼と日本人』角川ソフィア文庫、二〇一八年
小山聡子『護法童子信仰の研究』自照社出版、二〇〇三年

小山聡子「中世前期の病気治療における神とモノノケ」『歴史評論』八一六、二〇一八年
小山聡子『もののけの日本史―死霊、幽霊、妖怪の1000年』中公新書、二〇二〇年
小山聡子「中世前期の瘧病治療―病原は鬼か狐か」『現代思想』四九―五、二〇二一年
小山聡子「中世前期の疫病治療と加持」『仏教文学』四七、二〇二二年
近藤直也『「鬼子」論序説―その民俗文化史的考察』岩田書院、二〇〇二年
近藤瑞木「化物振舞―松平南海侯の化物道楽」小山聡子・松本健太郎編『幽霊の歴史文化学』思文閣出版、二〇一九年
斎藤たま『生とものの
け』新宿書房、一九八五年
崔鵬偉「『今昔物語集』にみる疫神・疫鬼」『説話文学研究』五四、二〇一九年
酒向伸行『憑霊信仰の歴史と民俗』岩田書院、二〇一三年
笹方政紀「疫病と化物」東アジア恠異学会編『怪異学講義―王権・信仰・いとなみ』勉誠出版、二〇二一年
佐々木聡「『女青鬼律』に見える鬼神観及びその受容と展開」『東方宗教』一一三、二〇〇九年
佐竹昭広『酒呑童子異聞』平凡社選書、一九七七年
次重寛禧『鬼の話』吉備人出版、二〇二一年
清水唯一朗「国策グラフ『写真週報』の沿革と概要」玉井清編『戦時日本の国民意識―国策グ

ラフ誌『写真週報』とその時代』慶應義塾大学出版会、二〇〇八年
ジョン・W・ダワー著・斎藤元一訳『人種偏見―太平洋戦争に見る日米摩擦の底流』TBS・ブリタニカ、一九八七年
鈴木正崇「追儺の系譜―鬼の変容をめぐって」松岡心平編『鬼と芸能―東アジアの演劇形成』森話社、二〇〇〇年
大喜直彦「中世の捨子」『日本歴史』六一五、一九九九年
平雅行「中世仏教と女性」女性史総合研究会編『日本女性生活史二中世』東京大学出版会、一九九〇年
高橋昌明『酒呑童子の誕生―もうひとつの日本文化』中公新書、一九九二年
高谷知佳『「怪異」の政治社会学―室町人の思考をさぐる』講談社選書メチエ、二〇一六年
武田雅哉『〈鬼グイ子ヅ〉たちの肖像―中国人が描いた日本人』中公新書、二〇〇五年
多田一臣『万葉集全解』二、筑摩書房、二〇〇九年
田中貴子『百鬼夜行の見える都市』ちくま学芸文庫、二〇〇二年（初刊は、新曜社、一九九四年）
田端泰子『日本中世の女性』吉川弘文館、一九八七年
玉井清「『写真週報』に見る英米観とその変容」同編『戦時日本の国民意識―国策グラフ誌『写真週報』とその時代』慶應義塾大学出版会、二〇〇八年

知切光歳『鬼の研究』大陸書房、一九七八年
土屋順子「『女人恠異録』と改題本『霊魂得脱物語』―勧化本から読本へ―」『大妻女子大学大学院文学研究科論集』一、一九九一年
西山剛「中世における八瀬童子の職能と存在形態」『世界人権問題研究センター研究紀要』二四、二〇一九年
野村育代『ジェンダーの中世社会史』同成社、二〇一七年
馬場あき子『鬼の研究』ちくま文庫、二〇一九年（初刊は、三一書房、一九七一年）
萩原秀三郎『鬼の復権』吉川弘文館、二〇〇四年
長谷川雅雄・辻本裕成・ペトロ・クネヒト「「鬼」のもたらす病―中国および日本の古医学における病因観とその意義（上）―」『アカデミア人文・自然科学編』一六、二〇一八年
廣田律子『鬼の来た道―中国の仮面と祭り』玉川大学出版部、一九九七年
北條勝貴「野生の論理／治病の論理―〈瘧〉治療の一呪符から」『日本文学』六二―五、二〇一三年
保立道久「虎・鬼ヶ島と日本海海域史」『物語の中世―神話・説話・民話の歴史学』講談社学術文庫、二〇一三年（初出は、「虎・鬼ヶ島と日本海海域史」戸田芳実編『中世の生活空間』有斐閣、一九九三年）

細井浩志「「日本」の誕生と疫病の発生」串田久治編『天変地異はどう語られてきたか―中国・日本・朝鮮・東南アジア』東方書店、二〇二〇年
細井浩志「「陰陽道」概念と陰陽道の成立について」同編『新陰陽道叢書 一 古代』名著出版、二〇二〇年
松本浩一『中国の呪術』大修館書店、二〇〇一年
溝口雄三・丸山松幸・池田知久編『中国思想文化事典』東京大学出版会、二〇〇一年
三宅和朗『古代の人々の心性と環境―異界・境界・現世』吉川弘文館、二〇一六年
目黒将史「異国合戦描写から見る〈異域〉―琉球、蝦夷、そして天草へ」『説話文学研究』五五、二〇二〇年
山口建治「オニ（於邇）の由来と「儺」」『文学』二―六、二〇〇一年
山田厳子「子どもと富―〈異常児〉をめぐる〈世間話〉」『国立歴史民俗博物館研究報告』五四、一九九三年
山田雄司「日本中世における疫病への宗教的対応―四角四堺祭を中心に」『歴史学研究』一〇一一、二〇二一年
山本陽子「切目王子信仰とその変容」『明星大学全学共通教育研究紀要』二、二〇二〇年
吉田一彦「アジア東部における日本の鬼神―『日本霊異記』の鬼神の位置」『説話文学研究』

五一、二〇一六年
吉田一彦「奈良・平安時代前期の病と仏教—鬼神と般若の思想史」『唐代史研究』一九、二〇一六年
吉田一彦「鬼を食う大蛇、神虫、天形星—木簡と絵画から見た病除けの祈願」犬飼隆編『古代の文字文化』竹林舎、二〇一七年
吉田一彦「鬼と神と仏法—インド・中国・日本：役行者の孔雀王呪法を手がかりに」同編『神仏融合の東アジア史』名古屋大学出版会、二〇二一年
脇田晴子「中世における性別役割分担と女性観」『日本女性史　二　中世』東京大学出版会、一九八二年
渡辺泰「『桃太郎の海鷲』の思い出」（佐野明子・堀ひかり『戦争と日本アニメ—『桃太郎海の神兵』とは何だったのか』青弓社、二〇二二年）
渡邉義浩『魏志倭人伝の謎を解く—三国志から見る邪馬台国』中公新書、二〇一二年

歷史・世界史

日本的那些鬼怪：從陰陽師、桃太郎到鬼滅之刃，鬼的形象與其變遷

原著書名　鬼と日本人の歷史
作　　者　小山聰子
譯　　者　許郁文
發 行 人　王春申
選書顧問　陳建守、黃國珍
總 編 輯　林碧琪
責任編輯　何宣儀
特約編輯　何珮琪
封面設計　陳文德
內頁設計　菩薩蠻電腦科技有限公司
業　　務　王建棠
資訊行銷　劉艾琳、謝宜華
出版發行　臺灣商務印書館股份有限公司
23141 新北市新店區民權路 108-3 號 5 樓（同門市地址）
電話：（02）8667-3712　傳真：（02）8667-3709
讀者服務專線：0800056196　郵撥：0000165-1
E-mail：ecptw@cptw.com.tw　網路書店網址：www.cptw.com.tw
Facebook：facebook.com.tw/ecptw

局版北市業字第 993 號
印 刷 廠：鴻霖印刷傳媒股份有限公司
初　　版：2024 年 7 月
定　　價：新台幣 380 元

法律顧問：何一芃律師事務所

國家圖書館出版品預行編目（CIP）資料

日本的那些鬼怪：從陰陽師、桃太郎到鬼滅之刃，鬼的形象與其變遷 / 小山聰子著；許郁文譯. -- 初版. -- 新北市：臺灣商務印書館股份有限公司，2024.07　192 面；21×14.8 公分. --（歷史．世界史）
譯自：鬼と日本人の歴史
ISBN 978-957-05-3576-1(平裝)
1.CST: 鬼靈 2.CST: 日本史 3.CST: 文化研究

298.6　　113008045